给孩子
上文学课

张学青　著

中国人民大学出版社
·北京·

图书在版编目（CIP）数据

给孩子上文学课 / 张学青著 . —北京：中国人民
大学出版社，2017.8
　ISBN 978-7-300-24720-5

　Ⅰ . ①给…　Ⅱ . ①张…　Ⅲ . ①小学语文课 — 教学研究
Ⅳ . ① G623.202

中国版本图书馆 CIP 数据核字（2017）第 173969 号

给孩子上文学课

张学青　著

Gei Haizi Shang Wenxue Ke

出版发行	中国人民大学出版社	
社　　址	北京中关村大街 31 号	**邮政编码**　100080
电　　话	010 - 62511242（总编室）	010 - 62511770（质管部）
	010 - 82501766（邮购部）	010 - 62514148（门市部）
	010 - 62515195（发行公司）	010 - 62515275（盗版举报）
网　　址	http://www.crup.com.cn	
经　　销	新华书店	
印　　刷	北京华宇信诺印刷有限公司	
规　　格	720 mm × 1000 mm　1/16	**版　　次**　2017 年 8 月第 1 版
印　　张	14.75　插页 1	**印　　次**　2023 年 7 月第 4 次印刷
字　　数	225 000	**定　　价**　39.80 元

▮ CONTENTS ▮ 目 录

序一

　　张学青老师的这本书，是对她文学课堂的再现与总结。

　　这些年，我一直关注中小学一些名师的文学课，原因是我发现他们对文学的解读和我所在的文学批评领域对文学的解读在路数上很不一样。这本书进一步强化了我的这一印象。作为一个从事写作的人，又作为一个文学研究者，我倒越来越喜欢张学青等老师对文学的解读，而对我所在圈子里的文学批评越来越感到疑惑。我曾多次对同行说过，我们有必要关注一下中小学语文老师们对文学作品的解读——他们的解读也许更切近文学本身，至少能够丰富我们的文学批评，使文学批评的格局更加完善。

　　张学青老师面对文学作品时，首先采取的是一种欣赏的姿态。受听众认知能力的制约，也受课堂教学这一特殊语境的制约，她不可能一泻千里、长篇大论地对一篇作品自说自话。在那几十分钟时间里，她不可能像一个批评家那样只是独自面对文学文本，而是要带领一群学生，还是一群小学生，共同面对文学文本。她要循循善诱地引导他们怎样去面对文学文本。这就注定了她对文学文本的解读，一定会与文学批评领域的批评家们的解读走不同的路径。她在那段时间里，不是孤芳自赏文学文本的风景，更不是高度理性地研究文学文本的风景，而是要像一个很有素养、很有见识的导游，带领这帮叽叽喳喳的孩子去欣赏文学文本的风景。她要让他们成为欣赏者，并且是理想的、合格的欣赏者。读她的这本书，总能对她上课时的形象产生联想：春光明媚或秋高气爽时节，她带领一帮小家伙走进了一个风景区，不时地指点着："往这边看！往那边看！看到了吗？看到了吗？"有时，她会带领他们静静地围绕这个风景区转圈圈，犹如欣赏一件稀世艺术品。

并非她没有足够的评价一篇文学作品的理论性话语资源，而是她所扮演的角色使她无法洋洋洒洒地发表演说。她要回到最朴素的走进文本的路径上来。这里只不过是一所小学的课堂，不是理论幻景产生的空间，让那样不着边际的幻景笼罩文本，使那些文本看上去与幻化出的情景一样，显然是不合适的。她的学生们也无法产生幻景，尽管他们充满想象力，但他们一定是《皇帝的新装》中的孩子，是不会陷入幻景、被幻景所欺骗的。张学青老师要做的、能做的就是带领他们发现那些文学文本确实具有的一切——在她看来，一个语文老师能够带领学生充分发现并尽情欣赏的妙处和价值，这就完成了上文学课的任务。正因为这样，我们才看到了一种既单纯又可靠的文学批评。做出这种批评的人不是戴着有色眼镜，而是借助望远镜、显微镜，可以看到很多很多，但都是文本自身具有的，而不是主观附着的。然而，这种安静、清纯的批评一样让我们领略到了文本的迷人光芒和奕奕风采。

并非没有角度。无论是欣赏散文还是欣赏童话、小说、图画书和诗歌，她都能自由自在地带领她的学生或上或下、或左或右、或仰或俯、或进或出地选择各种各样的角度——有些角度甚至是出人意料的，去眺望，去细察，让她的学生们沉浸在"横看成岭侧成峰"的欣赏快意之中。即便是我们这些专业做文学批评的人，也会在她的讲解和引导下一时失去自己而进入她的解析氛围，心悦诚服地走上她引领的路径去看遍地的风景。

我格外关注了她的课堂实录。因为我想看看她在课堂上的作为。这一念头源于我这些年对中小学语文教学的一大忧虑——老师在课堂上不作为。一年里头我有机会听至少十堂以上的中小学语文观摩课。我对这些课给予了很多赞美，还曾对中小学语文观摩课的必要性、合法性做过富有理性的论证。我也诚心诚意地说，课讲得好的一般不是大学老师，而是中小学的语文老师。我说，他们让我领略到了"讲课是一门艺术"这句话的真正含义。但我也有许多疑惑之处，比如，一些老师不将一堂语文课当语文课讲，而是激情四射地将一堂语文课讲成了一堂人文课；一些老师过度使用图像而忽略了语言文字本身的无边力量，从而与语文精神相悖；等等。最让我感到疑惑的是，有的老师只满足于在课堂上不辞辛苦地扮演一个递话筒的角色，不停地游走于课桌之间，将话筒递给这个孩子、那个孩子——"你说""你说"。结果就只有孩子在说，而不见他说。眼见着时间在孩子们吞吞吐吐的回答中流走却总是听不到他的声音，坐在下面听课的人心中不免暗暗着急。这些老师也许以为这是调动学生的主观能动性，是先进的教育理念，是教学民主。但我总以为这种理解是机械的、有差误的。我们在强调这一切时，是否也应当想到还有一个教育与被教育的重大关系呢？你是教育者，而坐在下面听课的孩子是被教育者。教育与被教育，是教育伦理，是不可颠覆的。站稳讲台，占住那个属于你的空间，是否也是一个老师应尽的义务和责任呢？你在一堂语文课上，不时地说出整段的具有启蒙力量，让学生醍醐灌顶、脑洞大开的话，是否也可以看成你对学生的负责和尊重呢？

我仔细阅读了张学青老师的教学实录，感觉她的教学正是我所希望的那种教学。学生永远是课堂上最重要的人。她无时无刻不在竭尽全力地调动她的课堂，让它奏出变化万千的交响乐，但又同时牢牢记住她毕竟是老师，应当有、必须有与交响乐呼应的独奏曲。她对一堂课在时间的分割上总有一个很恰当的安排，既不一味独语，也不将时间全部拱手让出以致只剩下众声喧哗。我从她的教学实录中可以判断，她上每一堂文学课，都事先精心准备了一份条理分明的讲稿。她不时地提问、引导和启发学生，在关键时刻，总有大段的华彩语段犹如璀璨的宝石镶嵌于她的课堂中。这些语段，是她解读文学的心得，是她的独到见解。我们能够想见，这些语段在课堂上所产生的让她的学生们心头为之一振、眼前为之一亮的效果。看罢这些教学实录，你会叹息一声:张学青的文学课，真的很对得起她的学生。

她的文学课能取得成功，大概与她对文学功能的恰当理解和她良好的艺术感觉有关。看她的独白也好，对话也好，我们总能体会到，她是一个很"文学"的人。她之所以能将文学课讲到这番境界，关键在于她懂文学。她在欣赏一篇作品时，其姿态是稳妥而优雅的。她在这本书中对文学的若干判断都很精当、地道，而在表述上又有自己的语言风格。比如，她谈文体的不同:"如果说诗歌是火热的舞蹈，戏剧是花腔的唱法，那么散文就是饭后的沿湖散步了。学舞蹈、学花腔都不太容易，然而饭后散步却是谁都可以的。文学是一般人接近艺术的一条简便的路，而散文又是接近文学的一条便捷的路。"再比如，她谈小说写什么:"一个小说家最擅长的莫过于把麻烦和问题编织成故事，让读者去感受，去领悟，去审慎取舍。"这些表述都已在"经验之谈"的层面了。她对一部作品的把握往往直捣腹地，对最可说道之处一语中的:"几乎每篇经典小说，它的写作方法都是值得研磨的，像《百年孤独》的开场、《红玫瑰与白玫瑰》里人物的内心景观……"

与那些过分关心一篇作品的人文主题的所谓文学课相比，张学青老师似乎更关心一篇作品的审美价值和艺术性。她在分析作品时由始至终在引导或暗示她的学生:"你现在是在欣赏一篇文学作品。"她甚至像我们这些从事写作的人一样，对作品的语言、结构、叙事风格和叙述策略很感兴趣。她直言不讳地说我们的文学作品在这些方面不及国外的一些作品:"中文有其独特的优势，中文作品适宜抒情与诵读，但往往拙于叙述和说理，我认为要学习小说的叙事技巧，还得多看看外国优秀小说。"作为一个搞写作的人，我其实是很不喜欢那种大而无当的批评的。什么现代主义、女权主义、后殖民主义，所有这一切理论其实对文学创作毫无用处。听听张学青老师细致入微地分析作品的一个细节、一个词、一个短句，也许倒有很大的用处。她带领学生分析雨果的《"诺曼底"号遇难记》中"阴惨惨的薄雾"，不吝时间和学生一起解读环境描写的意义。

读到这里，我们就会想到这样的文学课即使不能培养一个作家，但对培养一个写手，也还是有些益处吧？当然，她的文学课的根本目的并不是培养作家，而是陶冶孩子们的情操、情调，是为了将人变得更像人的。

我提议：我们一起来读一读张学青老师的书，听一听她纯正的文学课。

曹文轩

2017 年 4 月 5 日于北京大学

序二

　　几年前，我在福建福州参加了一个语文教学研讨会，听过张学青上的一堂语文课。当时她教的是什么课文我已经记不清了，但她的文学气质、和学生交流的语气、对课文的阐释，给我的印象是很深的。她似乎在和孩子的心灵悄悄对话，与孩子的脉搏一起有节奏地跳动，像是给孩子吹去一股什么风。读了她这本著作我才知道，用书名"给孩子上文学课"来概括我的感受才是最为贴切的。学青上课的风格是静静的、轻轻的、平实的，然而深蕴着她的激情。有时，她快言快语，带一点儿锋利，然而却透着真诚和直率，不加任何装饰。我很欣赏。

　　给孩子上文学课的意义究竟在哪里？学青用这本书做了准确、清晰、生动而深刻的回答。从她的教学中我领悟到，语文是与情感脉搏一起跳动的儿童精神哲学。这里暗藏着一句话：文学是以文学的方式馈赠给儿童的精神哲学。也就是说，它不像哲学那样穿起礼服像模像样甚至是一本正经地走在圣道上，而是穿着便服随意地走在普通道路上。将学青上的文学课比作儿童精神哲学一点儿都不为过，我们暂不深究她的具体课例与她的解读，先读读她拟的标题："儿童，就是最美的春天""念念不忘，终有回响""让诗性之光穿透教育的雾霾""这样的夜啊，有文学的光"……在后记里，学青这么说："文学对人的情感的熏陶，并不是徒长一点儿伤春悲秋的情绪，而是借助作品唤醒和点燃人的恻隐之心、辞让之心、是非之心以及澡雪精神，从而唤起人对这个世界最深切的理解和同情，以及向着美好生长的力量。"这正是她对哲学和儿童精神哲学真切的阐释和文学化的表达。

文学课不能离开文学，我们讨论文学课也不能离开文学讨论什么美学、伦理学、哲学，但与此同时，也不能囿于文学、止于文学地讨论文学。若如此，我们的视野会窄起来，格局会小起来，格调也就浅起来，价值、立意显然是不高的。学青认可"文学是人学"这一世界性的共识。她说："我们的教学对象是'人'，当然离不开'人学'。"接着她指出，"文学对小学生而言，是种高不可攀的东西，只有中学生、大学生才有资格、有能力去接触它、研究它"的这种认识存在误区。文学是儿童精神哲学恰是对"文学是人学"的深刻追问与回应。况且，儿童是哲学家，这同样是世界性的共识。既如此，儿童当然可以学哲学，让文学中透射出精神哲学的意蕴来是没错的。

可贵的是学青在本书中还绘制了一幅文学学习地图：从散文、童话、小说、图画书、诗歌以及文学微创作等六个方面，对儿童的文学教育展开论述。这幅学习地图，为学生提供了一个文学的框架，帮助他们初步建构起文学概念以及学习的路径。这幅地图具有情境性、开放性、综合性，其中有学生学习文学的学习活动与学习方式，课程、教学、学习三者就这么有机地融合在了一起。学青"给孩子上文学课"既有文学意识和视野，又有课程、教学、学习的意识和视野，这些意识和视野重叠、整合使得文学课有了一种特有的气象。她对文学体裁的认识特别深刻，有深度，有针对性，这应是学习地图中的路标。

可贵之处还不止于此。学青眼里不仅有文学，更有孩子。没有孩子，文学怎能是人学，文学课又怎能是教人学文学呢？学青心里永远有儿童，因为"儿童，就是最美的春天"。她将课文《只拣儿童多处行》演绎为哪里有儿童哪里就有春天，我十分赞赏。也许这正是冰心的深意，而这深意被学青开发出来了。人们对儿童的发现，还应体现在对童话的发现上。学青说，"童话都是真的"，但童话是需要擦亮的。"擦亮童话"实质上是擦亮崇高、美好、高尚，是擦亮自己的内心。没有儿童，就没有真正的儿童文学，就肯定没有真正的孩子们的文学课。

如同德国女作家、诗人赫塔·米勒通过每天等待她的母亲问她"你带手帕了吗"来感受她母亲对她的爱一样，我能想见，学青会问孩子们："你们上文学课了吗？"而孩子们则问她："张老师，您还会给我们上文学课吗？"儿童精神哲学是藏在文学课中的，是藏在他们的对话中的。

成尚荣

序三

　　点一盏灯，一盏文学的灯，照亮孩子的童年，烛照人性的纯美。点灯的那个人，一定是最幸福的天使。小青（我一直叫张学青"小青"，有时也喊她"小青妹子"）点亮了一盏儿童的文学灯，她身边的一群孩子，脸蛋儿被照得通红通红的，她自己也被映得透明透明的。

　　小青生于太湖边，长于太湖边，有太湖水培育的灵气。我们初识在太湖边，当时我教小学生散文，讲的是郑振铎的《海燕》，用原文而非选入教材的版本。我第一次这么尝试，课上得实在不够好，在小青眼里就更不够好了，于是她不无挖苦地对我说："小孩儿的屁股你'大专家'摸不得呢！"我知道她的意思，我的散文课适合给大学生上，不能"忽悠"小学生。其实，我当时只是觉得好玩，上课于我而言就是玩玩儿的。听了这番话，我当然不服，主动联系了小青，一起聊文学在孩子的教育世界中的模样。慢慢地我更了解小青，在听了她上的一节节文学课后我不断自我反思，逐渐地，我也能摸摸小孩子的屁股了。文学会给孩子带来像被大人抚摸屁股一样的舒适感。孩子们上的散文课最符合这样的通感了。小青在散文课中讲的叶圣陶、林海音、冰心和沈从文，一起陪着小青轻轻地揉孩子们的小屁股，让他们一屁股坐下来就能感受到审美的气息。

　　徜徉在文学天地里的孩子，总喜欢凝视自己的一双小脚。这双小脚就是童话。童话是孩子们在自己的世界中任意撒野的足迹。左脚《西游记》，右脚《小王子》，两只脚本该都健壮。当然，在课堂上，脚最好不要管脑袋的事，这一点，左脚表现得不太好。所以小青右脚放得开，左脚迈得小。然而在课堂里，创作时的孩子，那双稚嫩的手最能表现那双纯真的眼。

小青一直在追求一种文学的课堂：挟裹着纯真，把人性的善轻轻地告诉孩子。和我一样听过她课的老师，对她的印象都是真诚、率性。孩子们在她的课堂上来来回回地穿梭于文字和图画之间，那么自信，那么体贴，那么自由，那么欢乐。在孩子的心底埋下一颗文学的种子，把孩子的童年还给孩子，让他们在野外肆意地咀嚼那些烂漫的文字，这是让教育成为"教育"的一道门槛，只有文学才能让教育跨过"教育"的门槛。

今天，很多孩子迷失在了文学的门外。一个在童年没有受过文学浸润的孩子是可怜的，一个没有被文学氛围萦绕的校园是可怕的。在小青课堂上的孩子精神是丰沛的，有小青在的校园总是阳光满地。我从她的文学课上看到了"美"的明天。小青自己选文学作品，有沈从文的"专场"，有中外诗歌的"汇演"，还有图画书的"聚会"，都是以文学的方式上课，其意义、价值尤为难得。我想，也许没有活的文学就没有"活的"孩子。小青文学课上的孩子能写出鲜活的文字，他们是活的，小青的文学教育也是活的。在今天，也许这样的课堂就是一缕光，是灯光也是阳光。

孩子的世界，夜晚应该有文学的灯光，白天应该有文学的阳光。散文是他们散步时跳跃的音符；童话是他们睡前准备好了的梦想；小说是他们能够想象的成人生活；图画书是他们最真诚的记忆；诗歌是他们永远留在身后的回响；文学微创作则是他们坐在文学门槛上手舞足蹈地对世界的想象。当一切的美好从文字中、课堂上流淌出来的时候，整个世界醒来了，孩子也醒来了。

文学是对人性很美妙的唤醒方式。我坚信，文学出现在广袤的土地之时，孩子开始成长，成长的不仅是身体。我们用了几千年，身体也就长成七尺模样，然而，几千年来，文学让我们纯美的人性在"人"内心幻化成了一个无比辽阔的世界。我不知道那个世界有多美丽、多遥远，而当我们带着一个个孩子一行行地读着书页里的词句时，孩子的脸庞上便映出了那个世界的花纹，那么绚烂，那么奇妙。

远远地，在《给孩子上文学课》里，我看到了文学的希望，回到出发处的教育的希望。很有幸，现在我跟小青成了同事，在同一所校园里——苏州大学实验学校。读了《给孩子上文学课》书稿后，我想我离小青的文学课距离好近。明天听她的文学课去！明天我将和孩子们一起在小青燃起的那盏文学的灯下享受已经远逝的童年。现在想想就已经很幸福了。

是为序。

陈国安于苏台杕庐，时在丁酉立夏

第一辑

中国散文中国风

教出散文的味道

朱光潜先生在其著作《谈文学》的序里说，学文学第一件要事是多玩索名家作品，其次是自己多练习写作，如此才能亲自尝出甘苦，逐渐养成一种纯正的趣味，学得一副文学家体验人情物态的眼光和同情。

我以为，这句话非常精辟地指出了文学教学的路径与方法。而将散文作为中小学生"玩索名家作品"的切入口，则具有得天独厚的优势：一是散文的篇幅一般短小、轻巧，教师不必担心因时间不够而无法实施教学或无法展开——哪怕只有一节课的时间也可以教；二是与诗歌或者戏剧相比，散文更平民化，更随意，更大众。如果说诗歌是火热的舞蹈，戏剧是花腔的唱法，那么散文就是饭后的沿湖散步了。学舞蹈、学花腔都不太容易，然而饭后散步却是谁都可以的。文学是一般人接近艺术的一条简便的路，而散文又是接近文学的一条便捷的路。

好散文的样子

好散文是什么样子？好散文有标准吗？"散文"两字包罗万象，要说清这些问题，还真不容易。在我看来，给学生阅读的散文应该符合两条标准：一是它能引领思想，散文比诗歌更擅长连贯地表达作者的思想，它可以牵着读者的手，把他们领进思想的世界；二是它是语言文字的典范。高尔基说过，大众语是毛坯，加了工的是文学。学生在课堂上学阅读与写作，与一般自学的不同之处就在于，它是一种自觉的训练。只有教师选用的文本语言足够好，才能培养学生调动与控制文字的能力。

汪曾祺在小说《徙》里，写到了语文老师高鹏（字北溟）。他教书除了部定课本之外，还自选教材。"只有我自己熟读，真懂，我所喜爱的文章，我自己为之感动过的，我才讲得好。"①跟高先生读了三年书的弟子，大部分文字清通，知识丰富，"更重要的是他们学会了欣赏文学——高先生讲过的文章的若干片段，许多学生过了三十年还背得；他们接受了高先生通过那些选文所传播的思想——人道主义，影响到他们一生的立身为人"②。

小学语文教材里优秀散文并不是很多，但语文老师完全可以像高先生那样放开眼光，去挑选优秀散文做学生的文学教材。于是，我把目光投向了经历过"五四新文化运动"的那一代学人。那一代学人生活在新旧交替、中西碰撞、风云际会的时代，因而形成了迥然不同的风度、气质、胸襟、学识与情趣。那一代学人，做人做事是有担当的——对国家、民族、人类的担当，对历史、时代、社会的担当以及对自我生命和学术的担当。

那一代的作家，大抵也如是。如巴金，就是一位满溢着青春精神的作家，他以赤诚的自我直面读者，他的作品力透纸背、情透纸背、热透纸背，充满了激情和活力；如冰心，慈爱、博大、淡定、纯净，她的散文展现了东方文化的无限魅力；如丰子恺，他以佛教徒的慈悲呵护生命，从他的作品里可见一个儿童崇拜者对美的特殊发现；如老舍，他幽默的文字背后有着温润与善良；如沈从文，他对自然、人性的理解抵达了一种高度，因而越经岁月沉淀，其作品越会发光；如鲁迅，这个被誉为"民族魂"的绍兴作家，心里惦记的是无穷的远方、无数的人们都和他有关……学生读他们的作品，可以在生命扬帆的起点上就占据一个精神的高地。

为什么要选中国作家的优秀散文而不选外国作家的呢？放眼世界，我承认外国作家的优秀散文在思想价值的普适性上也很好，然而经过翻译的文字，毕竟不是纯正的中国味。"中国字原来都是象形的文字，它包含形、音、义三个部分。形、音，是会对义产生影响的。中国人习惯望'文'生义。'浩瀚'必非小水，'涓涓'定是细流。"③从这一点上说，中国文字必定是中国本土作家才能深谙其味的。

"罗汉堂外面，有两棵很大的白果树，有几百年了。夏天，一地浓荫；

①② 汪曾祺.汪曾祺文集：小说卷上 [M].南京：江苏文艺出版社，1993：308，309.
③ 汪曾祺.汪曾祺文集：文论卷 [M].南京：江苏文艺出版社，1993：10.

冬天，满阶黄叶。"①这样的语言，文白相间，通俗凝练而有节奏，是现代白话雅化的典范。

"江水伸入田垄，远远几驾水车，一簇一簇的茅亭农舍，树围水绕，自成一村……当几个农妇挑着担儿，荷着锄儿，从那边走过之时，真不知是诗是画！有时远见大江，江帆点点，在晓日之下，清极秀极。"②这些描写洗练整齐，清新淡雅，把江南水乡的美细腻地传达了出来。中国现代作家善于将古诗文中的词句、语汇吸收并融入白话文中，使其作品的语言婉约、典雅，具有很高的审美价值。

教师用这样的文字给学生打底，让学生从小接受语言大师、名家典范作品的熏陶，这对培养他们纯正的语言趣味、感觉，把他们从粗鄙的、肤浅的、娱乐化倾向严重的阅读和语言习惯中拉回来，是大有裨益的。

教出散文的味道

好散文选出来了，教师怎么教出散文的味道呢？

第一，朗读。每每拿到一篇散文，我愿意一遍又一遍地朗读，以"空"的状态去拥抱文字，获得"我"的感受与体验。这个阶段需要克服浮躁的心态，用眼睛和声音在文字里爬行。声音与意义本身是不可分的，有时意义从声音上见出，比习惯性地从联想上见出更微妙。

文章之精妙不出字句、声色之间，舍此便无可窥寻。这是清代著名散文家姚鼐的观点。这里有一个例子。范仲淹作《严先生祠堂记》时，起初收尾用的是"云山苍苍，江水泱泱，先生之德，山高水长"。后来他的朋友告诉他，"先生之德"不如"先生之风"。"德"与"风"从意义上讲没有什么区别，最重要的区别在声音上，"德"字仄声、音哑，"风"字沉重、响亮。

事实上，文章的起伏开合，句的长短，字的平仄，文的骈散，都可以从声音里见分晓。所以，教育家黎锦熙先生十分重视诵读，他认为诵读教学三

① 汪曾祺.汪曾祺文集：小说卷下 [M].南京：江苏文艺出版社，1993：550.
② 冰心.冰心经典作品选 [M].北京：当代世界出版社，2002：70.

部曲就是"耳治""口治""目治"。

的确，教师就应该让学生出声地读好的散文，让学生从朗读中抓住声音节奏，再从声音节奏里抓住作者的情趣。举个例子吧，朱自清先生的散文是很注重音韵美的。他一再强调，他做到一件事，就是不放松文字。他注意每一个词的意义，每一句的安排和音节，每一段的长短和衔接处。比如，他在散文《冬天》里写家人围坐在一起吃白煮豆腐的情形——

说起冬天，忽然想到豆腐。是一"小洋锅"（铝锅）白煮豆腐，热腾腾的。水滚着，像好些鱼眼睛，一小块一小块豆腐养在里面，嫩而滑，仿佛反穿的白狐大衣。锅在"洋炉子"（煤油不打气炉）上，和炉子都熏得乌黑乌黑，越显出豆腐的白。这是晚上，屋子老了，虽点着"洋灯"，也还是阴暗。围着桌子坐的是父亲跟我们哥儿三个。"洋炉子"太高了，父亲得常常站起来，微微地仰着脸，觑着眼睛，从氤氲的热气里伸进筷子，夹起豆腐，一一地放在我们的酱油碟里。①

这样的文字，若清朗地抑扬顿挫地读出来，别有意趣。每次朗读时，我眼前总会浮现出文中的画面，甚至会想起儿时我父亲就着猪头肉喝酒，我和姐姐扒着八仙桌等待他夹一小块肉塞到我们嘴里的情形。而学生在一遍遍的朗读中，对家人围聚而食的那种温热场面，也忍不住会心生向往与期待。我相信，这样顺耳、顺口、顺眼的文字，会在朗读中成为学生的语言积淀和情感积淀。

第二，研读。散文"形散而神不散"，教师教散文，首先要学会抓住散文的"神"。这个"神"便是散文的"文眼"，如果能将"文眼"变成"课眼"，进而变成"学眼"，便可获得事半功倍的效果。孙友田的散文《月光母亲》被选在苏教版小学《语文》五年级下册的课本里，题目被改为"月光启蒙"。文章的第一句"童年的夏夜永远是美妙的"便是"文眼"。细读文本不难发现，作者从"夏夜的美妙"，写到"民歌的美妙""童谣的美妙"，最后抵达"母爱的美妙"，一唱三和，引领读者走进童年的夏夜。

---

① 刘泽学.中外精美散文：朱自清作品集 [M] .北京：人民日报出版社，2006：82.

教师抓散文的"神"，需要关注作者及作品的创作背景。我一直觉得在文学创作中，最容易写的是散文，而最难写好的也是散文——散文的背后站着一个无可逃离的足够真诚的"我"。因而学生读一篇散文，要将对作者和背景的理解与对文本的理解紧密联系起来。像这篇《月光启蒙》，教师怎样讲才能让学生体会到"母爱的美妙"呢？教师可以先出示作者资料，让学生了解孙友田是一个煤矿工人，再出示孙友田的另一篇散文《黑土地》中的片段——

白天跟师傅下井劳动，头顶一盏矿灯，像黑色的鹰衔着一粒光芒，在丛林一样的支柱间飞翔。晚上，就把井下的感受变成诗行。

…………

万年煤层打个滚 / 一山乌金往外冒 / 黑宝石，往外跑 / 满山满谷金光照 / 一路大声喊 / 我是煤，我要燃烧！ ①

通过这样的链接，学生可以体会到"我"的生活热情是受了母亲的影响，"我"的创作里有童谣的影子。所以说，文中的"月光启蒙"实际上是说母亲在"我"的童年时代，在不知不觉中给"我"播了一粒爱的种子、一粒诗的种子。月无声，母爱也无声；月有光，母爱也有光。母亲在清苦的日子里为"我"吟唱的那些民歌、童谣，让"我"知道了面对艰难困苦时应永远有热情，永远有憧憬。

为了抓住散文的"神"，对教材中标注"选作课文时文字有改动"的作品，我会去查原文及出处。比如，被选入苏教版小学《语文》四年级上册的冯骥才的《珍珠鸟》，原文中有一句很重要的话："有人说，这是一种怕人的鸟。"这句话其实是这篇文章的"文眼"。冯骥才的这篇散文是他在经历了"文革"后的反思之作。文中的这对珍珠鸟其实是当时中国民众的一个缩影。作者想给未来的中国开出一服药——人与人之间要互相信赖。这服药能不能治好当时中国的病，作者并没有完全的把握，因而他在结尾处写的是"信赖，往往创造出美好的境界"，而不是教材中所写的"信赖，不就能创造出美好的境界吗"。诚然，修改后的文章，单从"人与鸟相处"这个角度来看，似

---

① 孙友田.煤海放歌 [M] .南京：江苏人民出版社，1972：74-75.

乎并没有什么大问题；但从文学作品的角度来看，改动的地方破坏了作者想要表达的原意。同样的问题在琦君的《桂花雨》中也出现了。原文中讲到桂花，"迷人的原因，是它不但可以闻，还可以吃。'吃花'在诗人看来是多么俗气，但我宁可俗，就是爱桂花"。作者借桂花表达的是对故乡魂牵梦绕的思念之情。一个人对故乡的怀念，往往源于故乡的食物对胃的熨帖与召唤。所以，这里的"吃花"是重要的有情味的细节，编者把这部分内容给删了，就没有这个味道了。有时，编者可能觉得给孩子读的文字，最好不要枝蔓，然而，这样做的结果往往是破坏了散文原有的样子。散文的美恰恰在于那些旁逸斜出里的风景。

关于散文的"形"，我常常从结构、语言两个角度去研读。先说"结构的安排"。众所周知，作文运思最重要、最艰苦的工作，不是搜寻材料，而是有了材料以后该怎么做选择与安排。一篇文章中每个字句就是一个兵。在调兵之前，好的作者必定会做一番检阅，然后排定岗位，摆好阵势。叶圣陶、朱自清、老舍等大家的文章结构，学生比较容易学。叶先生和朱先生都做过老师，自然知道什么样的文章适合学生学。老舍写《猫》，先写大猫，再写小猫；写《趵突泉》，先写大泉，再写小泉；写《母鸡》，先写它惹人厌的地方，然后笔锋一转，再写它可爱可敬的地方。朱先生的《冬天》更是"形散而神不散"的典范：从儿时围聚吃豆腐的冬天，到与友人泛舟西湖的冬天，再到台州一家人守候的冬天，行文如流水无碍，漂亮、缜密。朱先生自己也很得意这样的章法控制，他说控制文字是一种愉快，也是一种本领。的确，好散文应该是各种链式的结构，咬合紧密而开合自如；那种稀松得像烟灰一样的结构，则一弹即断。

在文章的详略处理上，被选入苏教版小学《语文》六年级下册的叶圣陶的《记金华的双龙洞》，亦是理想的范例。每每讲到游记文章的详略处理时，我必要拿此文作为典范教学生梳理脉络，体会或详或略的妙处。这个原则陶渊明也遵守的。他的《桃花源记》，写渔人报告太守，只有六个字："诣太守，说如此。"

再说语言的推敲。有一个众所周知的故事，说苦吟诗人贾岛的那首《题李凝幽居》，韩愈建议他用"敲"而非"推"。我不知道贾岛当时是怎么想的，我觉得"推"字固然显得鲁莽了一点儿，但它表示门是掩着的（没关上），而且屋里可能没有灯光，门外人并不能确认里面是否有人应门，或者是僧人与友人相熟到无须敲门，这样就多了一份人情。另外，"敲"字难免剥啄有声，惊动了宿鸟，就破坏了"幽"的气氛。说到底，用哪个字更恰当，要看当时的情形更符合哪一种境况。所以说，推敲语言的背后，其实是推敲思想和情感。

要体会散文的味道就应该在朗读中、在推敲词句甚至标点的感觉中品出来。且看下面这段文字——

即或任何东西没得吃，我们还是十分高兴，就为的是乡场中那一派空气，一阵声音，一分颜色，以及在每一处每一项生意人身上发出那一股臭味，就够使我们觉得满意！我们用各样官能吃了那么多东西，即使不再用口来吃喝也很够了。①

"一派空气""一阵声音""一分颜色""每一处""每一项""一股臭味"，作者连用了六个"一"来表现乡场的热闹。文中的"臭味"应该是"气味"的意思，但作者用了"臭味"就有了一种闹哄哄的杂乱感。作者用"吃"来讲各种感官感受，足见这个乡场带给"我"全身心的愉悦感和满足感。

阅读散文，教师就需要带着学生像这样去咬文嚼字，除了对非常搭配的语言要保持敏感以外，对运用修辞的文句，也不要轻易放过。最常用的修辞手法是比喻，因为比喻是文学语言的根本，是文学辞藻的特色。钱钟书先生提出了比与被比的两种事物之间的关系："不同处愈多愈大，则相同处愈有烘托；分得愈远，则合得愈出人意表，比喻就愈新颖。"②我带学生品读比喻句的时候，判断比喻手法用得好不好的依据大概有这样两条：一是作者写熟悉的事物能否给读者带来新鲜感，写陌生的事物能否给读者带来熟悉感；二是低层次的比喻追求形似，高层次的比喻则追求神似。例如，辛弃疾在《沁园春·叠嶂西驰》里写山势的美，"似谢家子弟"，用华丽家族的整肃、大气来比喻山的态势，可谓独特又带给人以审美的愉悦。

① 沈从文.从文自传 [M] .//沈从文集.北京：北京十月文艺出版社，2008：31-32.
② 钱钟书.七缀集 [M] .//钱钟书集.北京：生活·读书·新知三联书店，2002：44.

此外，学生尤其是小学生特别容易忽略虚词，在积累词语方面，有的教师往往重视形容词或四字成语而忽视虚词。然而，虚词的空灵、虚活恰是散文韵致的必需，教师要注意引导学生用心感受与体会。鲁迅先生对虚词就用得特别灵活。比如：

我家的后面有一个很大的园，相传叫作百草园。现在是早已并屋子一起卖给朱文公的子孙了，连那最末次的相见也已经隔了七八年，其中似乎确凿只有一些野草；但那时却是我的乐园。[①]

你看，"早已""连""已经""其中""似乎""确凿""只有""但"，这些虚词，仿佛暗水流于花径，造成情意的流转与曲折，意味深远，值得学生咀嚼、领会与学习。

一个小学生日记里的情趣

教师坚持带学生读优秀散文，久而久之，学生们才会喜欢阅读散文并从中得到滋润甚至有了回响。且看我带的一个五年级学生写的微博体日记。

这是一节体育课。他在用心地听老师讲垒球的投掷技巧。他很认真地听，可也没听懂什么。听了一大堆无用的讲解（在他看来）后，终于要实战了。他跑到操场的草地上，拿起纸球，照着老师的样子，右脚弯曲，左腿拉直，左手放平与右脚成直线，右手持球稍低于左手，随后以一个甩鞭子的动作将垒球扔了出去。他认真地做，使出了全身的力气，但效果很不理想。球，只高，不远，像梦想一样。他很努力了，可就是扔不远。他转身用自己的动作随意一扔，远得很呢！"跑车再好，也比不过自己的单车舒适。"他记着这句话，打着响指，慢慢走远……

五年级学生已经会用第三人称来叙述自己的故事，会用梦想来比喻球的状态，会用响指表达内心的得意，这是多么有情趣的日记。

---

① 鲁迅.鲁迅散文全编 [M] .南宁：广西人民出版社，2003:30.

    "张老师，小小的护手霜能呵护您的双手，而您的双手能呵护我们的未来。"几年前的教师节，我收到了学生送的一支小护手霜。护手霜很便宜，然而会编织文字的姑娘，让这份礼物的意义远远超越礼物本身。我想我会一直记住这句话，并用它来鞭策自己不断努力，这便是文学的力量。

适合的，就是最好的
——《三棵银杏树》教学实录

我对散文有一种偏爱，中外名家的很多散文集被我收集在书柜里。我承认，就文学水准而言，叶圣陶不能算是最好的那一个，但是，对小学生而言，他可以算是最适合的那一个。他的很多作品可以直接拿来给小学生读。

为什么说叶圣陶先生是最适合的那一个呢？他的独特之处有三：其一，他做过中、小学教师，先后在苏州、上海、杭州等地教过小学生、中学生和师范生；其二，他是中国现代儿童文学的奠基人之一，鲁迅称赞他的《稻草人》给中国的童话开辟了一条自己创作的路，郁达夫也说，一般的高中学生要取作散文的模范，当以叶圣陶的作品"最为适当"；其三，他是中国中小学语文教育的开创者，他的语文教育思想、他所编辑的《开明国语课本》《国文百八课》等，都对中小学语文教育产生了深远影响。

叶先生了解中小学生，知道中小学生需要什么样的例文去引导他们阅读和写作。他的作品也就理所当然地成为中小学语文教材和课外读物的最佳选文。作为一线语文老师，我深深地觉得，叶老的文章可教。

叶圣陶先生的《三棵银杏树》选自他编写的《开明国语课本》。读者从本文可以很好地感受到叶老写文章遣词造句的准确和妥帖，"一清如水"的"谈话风"，"剥了壳，去了衣"的短句节奏，还有诸如"像牛、羊的奶头"这样的口语，和学生是"无隔"的。

这篇文章被编入《开明国语课本》时，叶老编写的习题是这样的："读了第十九课的第四节，引起怎样的感觉？读了同课的末一节，又引起怎样的感觉？"[①]

---

① 叶圣陶.开明国语课本（第三、四册）（小学高级学生用）[M].北京：开明出版社，2011：57.

这两小节也许是叶老认为写得很得意的文字。我认为这两段文字带着中国人独有的审美情趣和审美体验，读这样的文字就是在传承民族的古典文化因子。

"作者思有路，遵路识斯真。作者胸有境，入境始与亲。"（叶圣陶《语文教学二十韵》）这篇《三棵银杏树》的思路就是很值得学生感受、领悟并且迁移运用的"文本黄金点"（即文本中具有相当高的语文教学价值的教学点）。无论是阅读还是写作，叶圣陶先生都非常重视思路。在当下的小学语文教学中，教师对文章整体的把握和对层次逻辑的理解，多多少少已经淡化甚至忽略。然而一篇好文章必然有好思路，好思路形成了好结构。古今中外的作家都知道结构的好坏会直接影响到文章内容的表达，若不在结构上下一番功夫，是很难写出好文章的。在文章的思路架构这一点上，《三棵银杏树》的思路架构无疑是值得学生下一番功夫去体会的。

回望叶圣陶那一代人，我深深地感觉到，那时的教师是真有水平。他们让我们看到了高度，即便我们不能像他们那样集创作、编写、教学于一身，起码可以不要只抱住一本教材，而应放开眼光，为孩子寻觅最好的文学"初乳"。

[原文]

三棵银杏树①
叶圣陶

我家屋后有一片空地，十丈见方的开阔，前边、右边沿着河，左边是人家的墙。三棵银杏树站在那里。一棵靠着右边，把影子投到河里。两棵在中央，并着肩，手牵着手似的，像两个亲密的朋友。

这三棵银杏树多大年纪了，没有人能够知道。我父亲说，他小时候，树就有这么高大了，经过了三十年的岁月，似乎还是这么高大。

----

① 叶圣陶.开明国语课本（第三、四册）（小学高级学生用）[M].北京：开明出版社，2011: 52-54.

三棵树的正干都很直；枝干也是直的多，偶然有几枝屈曲得很古怪，像画幅上画的。每年冬天，赤裸的枝干上生出无数的小粒来。这些小粒渐渐长大，最后像牛、羊的奶头。

到了春天，绿叶从奶头似的部分伸展出来。我们欢喜地说道："银杏树又穿上新衣裳了！"空地上有了这广大的绿荫，正是游戏的好场所；我们便在那里赛跑，唱歌，扮演狩猎的戏剧。经过的船只往往在右边那一棵的树荫下停泊，摇船的乘此吸一管烟或者煮一锅饭，这时候，一缕缕的烟便袅起来了。

银杏树的花太小了，很容易使人忽略。去年秋天，我一壁拾银杏果，一壁问父亲道："为什么银杏树不开花的？"父亲笑道："不开花哪里来的果？待来春留心看吧。"今年春天，我看见了银杏的花了，那是很可爱的、白里带点淡黄的小花。

说起银杏果，不由得想起街头"烫手炉，热白果"的叫卖声来。白果是银杏果的核，炒过一下，剥了壳，去了衣，便是绿玉一般的一颗仁，虽然并不甜，却有一种特别的清味。这东西我们都欢喜吃。

秋风阵阵地吹，折扇形的黄叶落得满地。风又把地上的黄叶吹起来；我们拍手叫道："一群黄蝴蝶飞起来了！"待黄叶落尽，三棵老树又赤裸了。屈曲得很古怪的枝干上偶然有一两只鹰停在那里，好久好久不动一动，衬着天空的背景，正像一幅古画。

班级：江苏省南京市金陵中学仙林分校小学部五年级周末混班

时间：2013 年 11 月 2 日

[**教学实录**]

聊聊课题：银杏树——别称"公孙树"的由来

师：今天老师要跟大家一起学习一篇跟银杏树有关的课文。银杏树又叫白果树，它还有另外一个名字叫"公孙树"。谁来猜一猜：它为什么叫"公孙树"？愿意猜、会思考的孩子，一定是阅读力很棒的孩子。

生：我猜应该是长辈种树，后人还能看到它，说明它寿命很长。

生：我猜银杏树在很早很早以前就在这个世界上了，所以叫"公孙树"。

师：如果单说它寿命长的话，那叫"公公树"更合适一点儿吧。（生笑）

生：我猜它是一个姓公孙的人种的树。

师：看来你看的传说故事、民间故事比较多。银杏树为什么叫"公孙树"呢？刚才有同学说得很对，银杏树是寿命很长的古老的树种，生长得特别慢，爷爷这一辈人种树要等到孙子这一辈人它才能够大量结果，所以人们叫它"公孙树"。今天我们要读的这篇课文是著名教育家、作家叶圣陶先生写的。叶圣陶先生教过小学生、中学生、大学生，还编过语文课本。这篇课文就是从叶圣陶先生编的课本中选出来的。

梳理思路：银杏的四季——关于文章的结构

师：《三棵银杏树》共七个自然段。我们迅速浏览全文，看一看叶圣陶先生在这篇文章里，有没有讲到银杏树生长很缓慢的特点？找到后标一下。（一分钟以后交流，师强调浏览要用眼睛快速地扫读）

生：我觉得是第二段的最后一句话："我父亲说，他小时候，树就有这么高大了，经过了三十年的岁月，似乎还是这么高大。"

师：说说你的想法。

生：这句话给人的感觉就是它长得非常慢，30年都让人感觉不出来。

师：这个句子初看起来是在说银杏树的高大，其实是在说什么？长得慢。再看看句中的"似乎"，为什么要加这个词？

生："似乎"表示大概，因为他不知道父亲说的"这么高大"究竟是指多高，是不是还像现在这么高。万一现在比以前长高了，但他没看出来呢。

师：这30年银杏树真的没在长吗？当然在长，可是它长得让人看不出来，所以作者就用了一个"似乎"，这就是语言要准确。（生读句子）

师：我们写文章首先要做到的是语言要准确。像这样的语言值得我们放声去读。请大家在朗读之前，首先浏览一下课文，找一找文中写到了银杏树的哪些部分？请用笔把有关词语圈出来，圈好以后举手示意我。（生交流，师

依次板书：枝干、叶、花、果）

师：很好，作者写得很有顺序，你们说得也很有顺序。请大家把文中具体描写银杏树枝干、叶、花、果的句子找出来读一读。

（生自由朗读2分钟后，师指名朗读）

师：描写枝干的这段话里面有几句话？每句在讲什么？

生：有三句话。第一句话讲的是枝干很直；第二句话讲的是赤裸的枝干上生出无数的小粒；第三句话讲的是这些小粒长大后像牛、羊的奶头。

师：刚才你说第一句话讲"枝干很直"，可句子中明明说"屈曲"啊！

生：他说"偶然有几枝屈曲"。

师：好，你能从"屈曲"中读出"直"，很棒。你们曾经留意过那些渐渐长大的小粒吗？（生摇头）你们没见过，是吧？所以作者用了一个比喻，告诉你渐渐长大的小粒像什么？（生：牛、羊的奶头。）见过牛、羊的奶头吗？从电视上或者图片中应该见过吧。你们觉得这个比喻好在哪儿？

生：渐渐长大的小粒很像牛、羊的奶头。

师：一个好的比喻句，比和被比的两者要有相像的地方，对不对？这个奶头的比喻不仅仅好在外形像，还好在哪里？

生：我觉得奶头一般都可以挤出奶来，要是银杏长出叶子，这些奶头还能给叶子提供营养，就像牛、羊奶头里面的奶一样。

师：说得好。想想：奶头是不是哺育新生命的地方？银杏树上渐渐长大的小粒里马上会有新生命诞生——绿叶会从里面伸展出来，所以这个句子妙不妙？（生点头）这就是——（板书：语言的妥帖。随后，生朗读写"叶"的句子，师引导生体会春之叶的生长之美、秋之叶的凋零之美；生朗读写"花"的句子，师引导生体会花的小；生朗读写"果"的句子，师引导生体会"果"的好看与好吃，略）

师：刚才我们读了课文中写银杏枝干、叶、花和果的句段，这样的课文就是要出声地去读它。有人说这篇文章写了三个季节里的银杏树，有人说写了四个季节里的银杏树，你赞成哪个观点？先别忙着举手，静静看30秒后再举手。

生：写了三个季节，因为课文里说了"每年冬天""春天""秋天"。

师：是的，课文里有表示这三个季节的词，有同学有不同的想法吗？

生：我觉得应该是四个季节，他写了冬天、春天、秋天，还写了"绿荫"，只有夏天的时候才要到绿荫下面避暑。

师：你的意思是说，如果是春天的话，在暖暖的太阳底下做游戏多舒服，干吗到绿荫下去呢？好。再看课文写了怎样的绿荫？（生：广大的绿荫。）春天里会有大片大片的绿荫吗？所以说，这篇课文还藏着一个季节——夏季。按照我们的写作经验，我们写一棵树在四季中的特点，一般会按怎样的顺序写？

生：从春天开始写，然后写夏天、秋天、冬天。

师：（出示结构图：春→夏→秋→冬）在这篇文章里，叶圣陶先生是怎么写季节顺序的？请大家在讲义纸上画一画文章的结构图，画完以后和小组的同学讨论一下：作者为什么要这样安排顺序呢？要说出尽量多的理由，时间是 3 分钟。（指名上台板书，生板书：冬→春→夏→秋。）

师：你们都看到了作者是从冬天开始写的，然后写到春天、夏天、秋天。写到秋天就结束了吗？请你们再读读课文的最后一段，看看有没有新的发现。

生："秋风阵阵地吹，折扇形的黄叶落得满地。风又把地上的黄叶吹起来""一群黄蝴蝶飞起来了"这些话说明春天又到了。

师：啊？春天又到了？这里的黄蝴蝶可不是真的蝴蝶，而是落叶。你再看后面是怎么写的？老树又赤裸了——

生：说明冬天到了。

师：现在你们发现了吧，作者最后又写到了冬天，所以说这篇文章的结构是非常有意思的。作者从冬天开始写，写到春天、夏天，再写到秋天，最后又回到了冬天。（边说边出示结构图，如右图）

师：作者为什么要这样安排呢？再给大家一分钟时间和同桌讨论一下。

生：这样写就把四季循环了一下，还可以首尾呼应。

师：循环，有同学小声地说"轮回"，这个词用得很好。谁还有补充？

生：他第三段写冬天，说枝干上生出无数的小粒来，长得像牛、羊的奶头，最后一段虽然也写冬天，但写的是初冬的情景，而第三段写的是深冬，已经快到春天了。

师：你的意思是说，他最后讲的是初冬的样子，开头写的是深冬的样子，首和尾不但是呼应的，而且是接连的，对不对？真有意思。当然了，这样的一种轮回结构，更让我们看到了银杏树的生生不息。那么作者为什么要从冬天开始写呢？

生：我认为作者从冬天开始写，是因为冬天里银杏的枝干上有小粒，跟发芽差不多，其他树是从春天开始生长的，而银杏树是从冬天开始生长的，所以作者要从冬天开始写。

师：你说的是银杏树在冬天里就孕育了生机，不过，其他树也许也是这样的哦。我请大家再来看一看作者安排的另一条线，他写银杏树从哪一部分开始写？（生：枝干。）为什么先写枝干？为了突出整体形象，对不对？那么银杏树的枝干在哪个季节里最突出？

生：冬季。冬天的时候叶子全掉落了，大家能看见的只有枝干。

师：是的。所以孩子们，每篇文章都是有写作思路的。一句一句、一段一段，一个好的作者绝对不会乱走。你看他怎么开头、怎么写下去，要跟着作者走，再想想他为什么这么走，你就会有收获。我们看这篇文章，作者就是用这样的圆形结构来表现银杏树的生生不息。（板书：结构精巧）

师：叶圣陶先生是作家，他教过书；朱自清先生也是作家，也教过书。他们俩在杭州教书的时候是住在一个宿舍里的。叶圣陶先生写完文章以后就给朱自清先生看。叶先生是很谦虚的人，不过他曾对朱先生说，他对写文章的结尾还是有些把握的。现在请你来读读文章的结尾，你觉得这样的结尾带给你什么感觉？（生自由朗读，师范读）

生：我们写结尾可能会说三棵银杏树好美之类的，作者并没有这样说。

师：但有没有给你带来好美的感觉？

生：有。

师：有的，他把美藏在文字里了，是吧？

生：我觉得他说"衬着天空的背景，正像一幅古画"，感觉很寂静。他把银杏树的美表达成了"像一幅古画"。

师：那你说说看，他为什么说"像一幅古画"呢？

生：他说"屈曲得很古怪的枝干上偶然有一两只鹰停在那里，好久好久不动一动"，而且树是赤裸的，鹰站在上面，衬着天空的蓝色，就特别像一幅水墨画。

师：哦，有古香古色的感觉。再说这棵银杏树有多大年纪了？

生：不知道它有多大年纪了。

生：还有一个原因，我觉得既然是一幅古画就可能有点儿泛黄，而黄昏的时候天也有点儿泛黄，表明叶圣陶先生观察得很仔细。

生：鹰停在那边好久都不动一下，那就非常的美，有意境了。

师：有意境了，感觉太对了。刚才我在读的时候你们把眼睛闭上了，眼前有没有形象？赤裸的树干有吧，一动不动的鹰有吧，天空的背景也有吧？作者用这些形象带给我们画面感，把我们带进一种意境，非常有诗意。（板书：形象　诗意）我感觉叶圣陶先生一定对冬天的银杏树是情有独钟的。我说这话可是有根据的，根据在哪里？关于赤裸的树干像一幅画，还有其他地方写到吗？找出来读一读。（生朗读第三自然段中的相关句子）

师：一句话在文中不断地出现，就像一首歌中你特别喜爱的那几句歌词反复地出现，给我们留下了深刻的印象。

体会情感：关于银杏树下的人们

师：孩子们，这篇文章从银杏树的枝干写到叶、花、果，其实，作者还写到了银杏树下的人们。（板书：人们）人们对这棵银杏树是什么感情，你读出来了吗？

生：我觉得应该是"喜爱"。从第四段的"我们欢喜地说道：'银杏树又穿上新衣裳了！'"可以看出来。

师：别的地方可有"欢喜"？（板书：欢喜）

生："空地上有了这广大的绿荫，正是游戏的好场所；我们便在那里赛跑，唱歌，扮演狩猎的戏剧。"

生："我们拍手叫道：'一群黄蝴蝶飞起来了！'"有"拍手"这个词。

师：还有补充吗？

生："这东西我们都欢喜吃。"

师："欢喜"，还有"拍手"，从这些词中我们可以体会到人们对银杏树的喜爱之情。（出示："经过的船只往往在右边那一棵的树荫下停泊，摇船的乘此吸一管烟或者煮一锅饭，这时候，一缕缕的烟便袅起来了。"）有人说在这段话里也有"欢喜"，你有没有读出来？欢喜在哪里？

生："往往"说明他们经常停在这里，说明是欢喜的。

生："摇船的乘此吸一管烟或者煮一锅饭"，说明他们很辛苦的时候喜欢在这里休息一下。

师：注意这句话的节奏。"吸一管烟""煮一锅饭"，不是"吸烟""煮饭"，这是很舒缓的节奏，给人一种悠闲的感觉。还有吗？（生静默）

师：注意一下这个词——袅。烟是怎么"袅"的？我们来"袅袅"看。（生手作袅袅状，表演）

师：作者没有说这个烟是"冲出来的"或"冒出来的"，而是慢慢悠悠地"袅"起来，你们看是不是有"欢喜"？这个句子太漂亮了。（生朗读）

师：你们仔细读课文，还能读到更多的"欢喜"，比如，他说这几棵银杏树不是"种在那里"，而是"站在那里"。"站"的背后也有欢喜，是吧？写人们对银杏树的"欢喜"，说到底还是作者对银杏树的欢喜。叶圣陶先生曾在苏州的甪直古镇待过好长时间，古镇上有好几棵古老的银杏树，这是叶圣陶先生特别钟爱的树。他去世前吩咐家人把他的骨灰葬在银杏树旁。现在在甪直古镇上，这棵高大的银杏树还在默默地守卫着叶老的墓。对张老师来说，叶老就是一棵高大的银杏树、一幅古画，因为我从他的文章里读到了很多很多。孩子们，如果你们愿意，也可以去找叶圣陶先生的文章来读一读，品一品。今天的课就上到这里，下课！

让童年重临我们的心头
——《冬阳·童年·骆驼队》教学实录

[原文]

冬阳·童年·骆驼队
林海音

骆驼队来了，停在我家门前。

它们排列成一长串，沉默地站着，等候人们的安排。天气又干又冷。拉骆驼的摘下了他的毡帽，头上冒着热气，是一股白色的烟，融入干冷的空气中。

爸爸在和他讲价钱。双峰的驼背上，每匹都驮着两麻袋煤。拉骆驼的说，他们从门头沟来，他们和骆驼，是一步一步走来的。

爸爸和他讲好价钱了。人在卸煤，骆驼在吃草。我站在骆驼的面前，看它们咀嚼的样子：那样丑的脸，那样长的牙，那样安静的态度。它们咀嚼的时候，上牙和下牙交错地磨来磨去，大鼻孔里冒着热气，白沫子沾在胡须上。我看呆了，自己的牙齿也动起来。

老师教给我，要学骆驼，沉得住气。看它从不着急，慢慢地走，总会到的；慢慢地嚼，总会吃饱的。骆驼队伍过来时，你会知道，打头儿的那一匹，长脖子底下总会系着一个铃铛，走起来，铛、铛、铛地响。

"为什么要系一个铃铛？"我不懂的事就要问一问。

爸爸告诉我，骆驼很怕狼，戴上了铃铛，狼听见铃铛的声音，就不敢侵犯了。

我的幼稚心灵中却充满了和大人不同的想法，我对爸爸说："不是的，爸！它们软软的脚掌走在软软的沙漠上，没有一点点声音，您不是说，它们走上三天三夜都不喝一口水，只是不声不响地咀嚼着从胃里倒出来的食物吗？一定是拉骆驼的人，耐不住那长途寂寞的旅程，才给骆驼戴上了铃铛，增加一些行路的情趣。"

爸爸想了想，笑笑说："也许，你的想法更美些。"

冬天快过完了，春天就要来了，太阳特别暖和，暖得让人想把棉袄脱下来。可不是吗？骆驼也脱掉它的旧驼绒袍子啦！它的毛皮一大块一大块地从身上掉下来，垂在肚皮底下。我真想拿把剪刀替它们剪一剪，因为太不整齐了。拉骆驼的人也一样，他们身上那件反穿大羊皮，也都脱下来了，搭在骆驼背的小峰上，麻袋空了，铃铛在轻松的步伐里响得更清脆。

夏天来了，再不见骆驼的影子，我又问妈妈："夏天它们到哪里去？"

"谁？"

"骆驼呀！"

妈妈回答不上来了，她说："总是问，总是问，你这孩子！"

夏天过去，秋天过去，冬天又来了，骆驼队又来了，童年却一去不还了。冬阳底下学骆驼咀嚼的傻事，我也不会再做了。可是，我是多么想念童年住在北京城南的那些景色和人物啊！我对自己说，把它们写下来吧。就这样，我写了一本《城南旧事》。

我默默地想，慢慢地写，又看见冬阳下的骆驼队走过来，又听见缓缓悦耳的驼铃声。童年重临于我的心头。

★ 人教版小学《语文》五年级下册

班级：江苏省南京市栖霞区实验小学尧辰路校区六年级（5）班

时间：2016 年 4 月 15 日

[教学实录]

课前互动，导入课题

师：我先自我介绍一下，我姓张，来自吴江。我对你们的地名——栖霞很感兴趣。南京有栖霞山、栖霞寺，对吧？你们有没有想过为什么叫"栖霞"？（生摇头）

师：问过吗？（生摇头）

师：那现在不妨大胆想一想：为什么叫"栖霞"？

生：我感觉应该是居住在霞光之中。

师：好，你这么一说，这个地方就显得特别美。其他同学还有别的解释吗？（生摇头）

师：全都摇头，好遗憾啊！今天，张老师要和大家一起来学一篇林海音写的散文，题目已经写在黑板上了，我们一起来念一念。（生读题）

聚焦题目，发现关键词

师：这个题目很特别，跟我们一般教材里的题目不一样。它特别在哪儿呢？

生：多种题目同时连接。

师："多种题目"，表达准确吗？

生：多种事物同时连接。

师：这个题目由三个词语组成，在三个词语中间又有一个小圆点。这在我们以往的课文题目中是没有的。这个小圆点是什么符号呢？

生：不知道。

师：这个标点符号叫"间隔号"，在这里表示词语之间是并列的。我们读的时候要注意词语之间的停顿，一起来再念念。

生：冬阳·童年·骆驼队。

师：题目是什么？"题"是额头，"目"是眼睛。额头和眼睛对一个人的相貌来说都是非常重要的，题目在一篇文章中也是非常重要的。这三个词语既然出现在题目中，一定是非常重要的词语。我们今天不妨就从题目中的三个词语出发走进这篇课文。

从关键词入手，研读文本

●关键词之一：骆驼队

师：我们先来看最后一个词，作者为什么把这个词写在题目中？她写了

几件跟骆驼队、骆驼有关的事情呢？请你们打开课本，把课文的 16 个自然段都浏览一遍。（**生默读课文，思考**）

师：你发现了几件事，就伸几根手指。（**生伸手指头示意**）

师：大部分同学找到了四件事。这位同学找到了三件，是哪三件呢？

生：我觉得首先是作者观察骆驼吃草，学骆驼咀嚼。

师：很好，这是第一件事。（**板书：学**）

生：第二件事是作者问父亲，骆驼为什么要系一个铃铛。

师：（**板书：问**）除了问铃铛有什么用处之外，还问过什么？

生：问骆驼夏天去哪里。

师：对，问骆驼的去处。三件事了，谁还有补充？

生：在第二、三自然段也有一个事例，就是骆驼来了，"爸爸"和他们谈价钱。

师："爸爸"谈价钱，也是"我"学骆驼咀嚼这个故事的一个镜头。还有没有了？

生：我找到一处，在第 10 自然段，作者想帮骆驼剪毛。

师：当春天到来，骆驼身上有厚厚的毛，作者想去帮它剪掉。（**板书：想**）这样看来一共有几件事？

生：四件。

师：这四件事是不是都跟骆驼有关？

生：是。

师：骆驼、骆驼队，可以说是贯穿了这篇课文，所以题目中要用到这个词——

生：骆驼队。

●关键词之二：童年

师：为什么在"骆驼队"前面加"童年"呢？

生：因为从最后一个自然段可以看出，作者是在回忆童年的事情，所以题目中用上"童年"这个词。

师：你的意思是说，这些跟骆驼、骆驼队有关的事情，都发生在作者的童年时代。这仅仅是因为发生在那个时间段里吗？当作者在题目中写下"童年"两个字的时候，她是怎样一种心情或者感受呢？接下来，让我们用心地走进这四件事，看看能不能有自己的体会。（生默读课文）

师：在这些童年往事中，让作者最难忘的、也给你留下深刻印象的、你最愿意读的是哪一处？请你读给大家听好吗？

生：我要读的是第四段最后一句话，"我看呆了，自己的牙齿也动起来"。

师："我"因什么情形而看呆？

生："我"看到骆驼在吃草，看到"那样丑的脸，那样长的牙，那样安静的态度"。

师：这里有一段话是描写骆驼咀嚼的，她写得很细，请你把它都读出来好吗？（出示句段，生朗读第四自然段"我站在骆驼的面前……自己的牙齿也动起来"。）

师：我发现绝大部分同学找到了这个段落。的确，骆驼咀嚼的样子，作者写得最细腻。也就是说，给她留下的印象很深。她先写骆驼的样子，骆驼长什么样？请你念——

生："那样丑的脸，那样长的牙，那样安静的态度。"

师：丑的脸，长的牙，比较难看，难看到不想再看第二眼，是不是？

（生笑）

师：你们笑了，因为作者的文字并没有带给我们这种感觉。她是怎么做到写骆驼脸丑、牙长，还没有让人产生嫌弃的感觉呢？

生："那样安静的态度"是说，作者还是很喜欢骆驼的，所以才写它的好，它的安静。如果她讨厌骆驼的话就不应该写安静。

师：你是说因为有了"安静的态度"，给人的感觉不一样了。

生：我认为这是作者在童年时发生的事。她用儿童的语言去描述，因为童言无忌，童心好奇，所以会让我们感觉很好玩。

师：说得非常好。你们再来看，作者在表达的时候用了这样一组词——

生：那样……那样……那样……

师：假如我把它换掉，还讲这个意思，比如说，"一张很丑的脸，一口很长的牙，还一声不吭"，你感觉怎么样?

生：感觉很让人讨厌。

师：至少不让人喜欢，但是她用了"那样"，感觉就不一样了。好像这匹骆驼就站在我们面前，很亲切。作者告诉我们，童年的"我"看着骆驼觉得好奇，饶有兴趣，甚至可以说是喜欢的，对不对?（生：对。）

师：我们跟着作者的文字细细地看，你看她看得多仔细哦——看到了骆驼的上牙，也看到了——

生：下牙。

师：看到了大鼻孔，还看到了——

生：白沫子、胡须。

师：亲爱的同学们，白沫子就是口水啊，脏不脏?

生：脏。

师：读下来，你有脏的感觉吗?

生：没有。

师：为什么呀?

生：因为这会儿骆驼就像一个小孩子，而白沫子黏在小孩子脸上是很正常的事情，所以就觉得这不是很脏。

师：你的意思是说，作者用童眼看骆驼，连骆驼也带着儿童的气息，就像个小孩儿，流点儿口水有什么好脏的呢，对不对? 我们再来看，她写的不是"白沫"，写的是什么?

生：白沫子。

师：加了一个"子"字，那种小小的细细的喜欢的感觉就出来了。啊呀，真是漂亮! 作者写了骆驼咀嚼的样子，又写到了"我"的样子，"我"当时是什么样子?

生："我看呆了，自己的牙齿也动起来。"

师：这里的"呆"是什么意思呢?

生：傻。

师：是傻吗? 这里的"呆"是——

生：愣住了。

师：因为什么愣住了？

生：因为看见骆驼咀嚼食物的样子愣住了。

师：这个"呆"除了愣住，还有——

生：被迷住了的意思。

师：被迷住了，忘记了，忘记了周围的世界，忘记了自己，甚至把自己都变成了——

生：骆驼。

师：这就是"呆"得入迷的意思。老师给大家播放一段影片，我们也来看看影片中的骆驼是怎么咀嚼的。（播放影片）同学们在看的时候都忍不住笑了，甚至有的同学忍不住地跟着上牙、下牙交错地磨起来。让我们把这样的印象和这样的感觉放到这段文字里，一起把这段话读一读。（生齐读）

师：骆驼咀嚼的样子给"我"留下了深刻的印象，而"我"学骆驼咀嚼时那种呆萌的样子，也给我们留下了深刻的印象。还有吗？

生：我想读的是第八自然段"我"对父亲说的话："不是的，爸！它们软软的脚掌走在软软的沙漠上，没有一点点声音，您不是说，它们走上三天三夜都不喝一口水，只是不声不响地咀嚼着从胃里倒出来的食物吗？……"

师：你想说点儿什么吗？

生：我想说的是，作者的想法既新奇又独特，有着孩子独有的天真和可爱。（师出示父女对话段落，让同桌练读。指名朗读并指导生读问句时用上扬的语气，再读"我"与母亲对话的部分。）

师："妈妈"为什么要追问"谁"呢？

生：因为"妈妈"不知道"我"要问的是骆驼。

师：对。因为"我"问的是"它们到哪里去"，而不是"骆驼到哪里去"。那"我"为什么不用"骆驼"去问？你从"它们"中能读出些什么来？

生：因为用"骆驼"的话，感觉有点儿不尊敬骆驼。作者是很喜爱骆驼的，用"它们"更能突出她喜爱骆驼的感情。

师："它们"和"骆驼"有尊重和不尊重的区别吗？我感觉没有。

生：因为"妈妈"说"总是问，总是问"，说明"我"已经问过很多遍了，不用说骆驼，"妈妈"也应该懂得。

生：我觉得其实骆驼已经在作者的心目中烙下了深深的印象，已经在她心里扎根了。

师：对。她以为骆驼在"妈妈"心里也扎了根，其实，她妈妈压根儿就没在意骆驼。"我"是心心念念地在想骆驼，而"妈妈"呢，却觉得莫名其妙。所以，孩子的世界和成人的世界是不一样的，对儿时的"我"来说，骆驼队的来或者去都是件大事。还有没有别的地方让作者难忘呢？

生：我觉得还有第十段，骆驼的毛脱落了，"我"想用剪刀帮它们剪毛，这件事也让她难忘。

师：是啊。人在童年的时候就是会有一些胡思乱想，甚至是痴心妄想。刚才我们走进了作者的童年往事，看到了故事里的"我"，似乎也看到了儿时的自己。想一想：作者写下"童年"这两个字的时候，可能是一种什么样的心情和感受呢？

生：我觉得她应该很怀念童年。

师：对啊，"我"的童年曾经是那么呆萌，曾经对周围的事物有那么多好奇，那么多奇思妙想，甚至还有——

生：痴心妄想。

生：我认为作者也是在笑自己童年做过的那些傻事。

师：你是说，她回望童年的时候是有一点儿笑意在里面的。

生：我还觉得，她为自己的童年感到骄傲，她冒出来的想法既新鲜又好玩。

师：好，你们讲到了作者回忆自己的童年时有怀念，有骄傲，还有一点儿笑意。我们来看课文中的这句话——（出示句子，指名朗读："夏天过去，秋天过去，冬天又来了，骆驼队又来了，童年却一去不还了。"）

师：你读到这句话的时候，感觉她写下"童年"这两个字时，还有什么心情？

生：我认为有惋惜之情。

师：你看，作者写的是"过去……过去……又来了……又来了……不还了……"是不是有些淡淡的忧愁和哀伤在里面？你们知道作者写这篇文章的时候多大吗？我给大家看一张作者资料卡。（出示作者资料卡，生阅读）

师：她写下这些骆驼队故事的时候，已经40多岁了。当骆驼队再次经过她门前的时候，她可能会和她父亲一样，和拉煤的讲价钱，而不会再学骆驼咀嚼；当她看到骆驼的铃铛时，不会再问铃铛有什么用处，若碰到有孩子问她铃铛的作用，她很可能像她妈妈那样："总是问，总是问，你这孩子！"曾经的呆萌，曾经的天真，曾经的烂漫，曾经的胡思乱想、奇思妙想，甚至是痴心妄想，都不会再有了。谁来读读这句话，读出作者回望童年时的种种感觉？（生朗读，师指导）

师："童年却一去不还了"，她在题目中写下"童年"这两个字的时候，仅仅代表故事发生在童年吗？不是的，那里面有笑意，有怀念，有珍惜，还有那么点儿淡淡的感伤，因为童真也一去不还了。你看文章结尾说的是"默默地想，慢慢地写"，在"默默"与"慢慢"里，情感的分量就重了。（生朗读最后一段）

●关键词之三：冬阳

师：在"童年"之前还有一个词"冬阳"，作者为什么要加这个词呢？

生：我的理解是，骆驼队是在冬天出现在她家门前的。

师：骆驼队是冬天来的，因为骆驼队拉的是什么？

生：煤。

师：什么季节最需要它？

生：冬季。

师：是的。那么冬季里有寒冰，也有大雪，很有可能骆驼队是在一个有寒冰的日子里来的，那为什么不叫"寒冰·童年·骆驼队"呢？或者说叫"大雪·童年·骆驼队"？和你的同桌交流一下你的想法。（同桌交流后，师指名谈想法）

生：我觉得写"大雪"和"寒冰"都显得有点儿悲剧性，写"冬阳"就有点儿温暖的感觉。

师：你是说"冬阳"给整个故事铺了一种暖暖的色调，是不是？而"寒冰""大雪"就好像在说一个悲剧，其实不是那么回事，对不对？很好的感觉。

生：我觉得"冬阳"同时表明了作者在童年时的那种快乐的心情。

师：作者和骆驼队在一起，看骆驼咀嚼，问铃铛的用处，想给骆驼剪毛，这些事都是带给她快乐的事。

生：还给她带来很多温暖。

师：或者也可以说，这些童年故事就像冬天里的太阳，温暖"我"的心灵，甚至可以温暖"我"的一生。所以你看，"冬阳"为这个故事铺了一层暖暖的色彩，让我们感觉到，这些童年的故事就是"我"心灵上的太阳。（生齐读课题）

师：有同学说，这种用分隔的几个词给文章取题目的形式真有意思，下次写作文时也想学一学。如果你也想用几个词来写题目，要注意些什么？

生：我觉得写词的时候不要写那些在文章中一笔带过的东西，要写那些重点词语。

师：非常好。一定要选择很关键、很重要的词，它对读者理解整篇文章会起非常大的作用。就像我们今天就是通过这三个词理解了课文。

生：我认为，这几个词必须能贯穿全文，然后形成一条线索，让我们跟着这条线索走进文章。

生：我认为，既然用词语来概括文章，那就要高度概括，所以文章不能太长，就是把主要的事情概括成两到四个词。

师：你的意思不是说文章不能太长，而是说题目中的词不能太多，一定要精练。那么同样是这三个词，我把它们打乱一下顺序，变成"骆驼队·冬阳·童年"，或者是"童年·骆驼队·冬阳"，你感觉如何？

生：怪怪的。

师：感觉没那么好了，为什么？

生：要有顺序。

师：对，那是什么顺序呢？

生：由大见小。

师：你要说的是这些词语的范围在由大变小，是不是这个意思？"冬阳"高高地挂在天空中，也挂在"我"的童年里，所以它放在最前面。然后是"童年"，再就是童年里的故事跟什么有关？

生：骆驼队。

师：就像拍照对准镜头一样，渐渐收，渐渐聚焦，对不对？此外，还有没有什么别的发现？前面都是几个字？

生：两个字。

师：后面呢？

生：三个字。

师：对的。长的要压在后面，像你们排队一样，高个儿的都应该站在后面。所以以后你要用这样的关键词来给文章取题目的时候，也要注意这一点，更好地安排词语的顺序。

介绍作者，拓展延伸

师：刚才我们在读作者资料卡的时候已经注意到，这篇《冬阳·童年·骆驼队》是林海音写的《城南旧事》的序言。在《城南旧事》中，除了这个序言，还有《惠安馆》《我们看海去》《兰姨娘》《驴打滚儿》……那么多的内容，作者为什么选了"骆驼队"作为整本书的序言呢？要知道书的序言非同一般。大家课后再静静地读一读课文，读一读课文里对骆驼的描写，想一想骆驼有什么特点，骆驼咀嚼食物和"我"回忆故事有什么相似之处。当然，要怀念童年的人可能不止是林海音。你们马上就要小学毕业了，长大的代价是什么呢？就是对这个地方为什么叫"栖霞"不太感兴趣了，既不会问，也不会大胆地想了……让我们打开林海音的小说《城南旧事》，默默地读，让我们在书中，与林海音的童年相遇，让童真重临我们的心头吧！

儿童，就是最美的春天
——《只拣儿童多处行》教学实录

[原文]

只拣儿童多处行

冰　心

从香山归来，路过颐和园，看见成千盈百的孩子，闹嚷嚷地从颐和园门内挤了出来，就像从一只大魔术匣子里，飞涌出一群接着一群的小天使。

这情景实在有趣！我想起两句诗："儿童不解春何在，只拣游人多处行。"反过来也可以说："游人不解春何在，只拣儿童多处行。"我们笑着下了车，迎着儿童的涌流，挤进颐和园去。

我们本想在知春亭畔喝茶，哪知道知春亭畔已是座无隙地！女孩子、男孩子，戴着红领巾的，把外衣脱下搭在肩上拿在手里的，东一堆，西一堆，叽叽呱呱地，也不知说些什么，笑些什么，个个鼻尖上闪着汗珠，小小的身躯上喷发着太阳的香气息。也有些孩子，大概是跑累了，背倚着树根坐在小山坡上，聚精会神地看小人书。湖面无数坐满儿童的小船，在波浪上荡漾，一面一面鲜红的队旗，在东风里哗哗地响着。

沿着湖边的白石栏杆向玉澜堂走，在转弯的地方，总和一群一群的孩子撞个满怀，他们匆匆地说了声"对不起"，又匆匆地往前跑。知春亭和园门口大概是他们集合的地方，太阳已经偏西，是他们归去的时候了。

走进玉澜堂的院落里，眼睛突然一亮，那几棵大海棠树，开满了密密层层的淡红的花，这繁花从树枝开到树梢，不留一点空隙，阳光下就像几座喷花的飞泉……

春光，竟会这样地饱满，这样地烂漫！它把一冬天蕴藏的精神、力量，都尽情地释放出来了！

我们在花下大声赞叹，引得一群刚要出门的孩子又围聚过来了。他们抬头看看花，又看看我们。我拉住一个额前披着短发的女孩子，笑问："你说这海棠花好看不好看?"她忸怩地笑着说："好看。"我又笑问："怎么好法?"当她说不出来低头玩着纽扣的时候，一个在她后面的男孩子笑着说："就是开得旺嘛!"于是他们就像过了一关似的，笑着推着跑出门外去了。

对，就是开得旺!只要管理得好，给它适时地浇水施肥，花儿和儿童一样，在春天的感召下，就会欢畅活泼地，以旺盛的生命力，舒展出新鲜美丽的四肢，使出浑身解数。这时候，自己感到快乐，别人看着也快乐。

朋友，春天在哪里?当你春游的时候，记住"只拣儿童多处行"，是永远不会找不到春天的!

★ 苏教版小学《语文》五年级（下册）

班级：江苏省吴江实验小学城中校区五年级（5）班

时间：2015 年 3 月 26 日

[**教学实录**]

阅读课题，发现课文重点

师：今天这节课我们继续学习课文《只拣儿童多处行》，请大家读课题。（生齐读）作者写的是一次春游的见闻，有意思的是，她没有描写香山的美丽景色，也没有向大家特别介绍颐和园的景点，那么她把笔墨花在哪里了呢?课题告诉了你，花在——

生：儿童身上。

师：对，"儿童多处"是课题中的关键词。课文里有许多地方写到了儿童的"多"。（板书：儿童多处）

阅读"儿童多处"，发现作家的"作文地图"

师：请大家浏览全文，看看哪些地方写到了儿童的多？请找一找，在书中做好标记。给大家三分钟时间，看谁找得快，找得全。（生浏览全文，找句子，做标记）

师：下面我们来接力说一说。你说的时候要先说清楚是在第几自然段，然后再读读这句话。其余同学认真听，看看他说的与你画的句子是不是一样的。

生：第一自然段："从香山归来，路过颐和园，看见成千盈百的孩子，闹嚷嚷地从颐和园门内挤了出来，就像从一只大魔术匣子里，飞涌出一群接着一群的小天使。"

师：这是第一处，很好，很多同学找到了，你可以在这个句子的句首标一个序号①。

生：我找的是第三自然段："我们本想在知春亭畔喝茶，哪知道知春亭畔已是座无隙地！女孩子、男孩子，戴着红领巾的，把外衣脱下搭在肩上拿在手里的，东一堆，西一堆，叽叽呱呱地，也不知说些什么，笑些什么，个个鼻尖上闪着汗珠，小小的身躯上喷发着太阳的香气息。"

师：好。这是第三自然段中的，在这段之前有没有句子写到儿童的多？

生：第二自然段："我们笑着下了车，迎着儿童的涌流，挤进颐和园去。"

师：对，这一句也在写儿童的多。再往下说。

生：第三自然段中还有句子："湖面无数坐满儿童的小船，在波浪上荡漾，一面一面鲜红的队旗，在东风里哗哗地响着。"

生：第四自然段："沿着湖边的白石栏杆向玉澜堂走，在转弯的地方，总和一群一群的孩子撞个满怀，他们匆匆地说了声'对不起'，又匆匆地往前跑。"

生：第七自然段："我们在花下大声赞叹，引得一群刚要出门的孩子又围聚过来了。"

师：好，我们在全文中找到了六处写儿童多的句段。你可以在每一处标上序号。哪些同学找全了？（生举手）

师：这些句段，作者有没有用线索把它们穿起来呢？（生沉默）

师：如果没有的话，那些句段瘫在那里就成不了文章了。那么作者用了什么线索呢？我们不妨再来读读题目。（生读课题）

师：课题中有一个字，透露了作者的线索。是哪一个字呢？

生："行"。

师：对。这个"行"就是"走"的意思，也就是说作者是边走边看的，走到哪儿看到哪儿，看到哪儿儿童就多到哪儿。那么，刚才我们找出的那些写儿童多的句段，作者分别"行"到哪里了呢？下面我们一起进行作家作文地图探秘。请大家打开阅读学习单（1），读读课文的句段，在括号中写上相应的地点，给大家2分钟时间。[生完成阅读学习单（1）]

阅读学习单（1）

作家作文地图探秘

　　文章写"儿童的多"，有一条线索贯穿，那就是作者的行踪。阅读课文中写"儿童多"的语段，找出相应的地点，填入下图的括号里。

师：请大家看投影，请一位同学上来介绍一下。

生：第一处是在颐和园门外。

师：对，是在颐和园门外，或者说是路过颐和园。

生：第二处是颐和园门内。

师：对，也就是在颐和园门口。你用"外"和"内"来区别，很棒哦！

生：第三处在知春亭畔，第四处在湖边，第五处在玉澜堂。

师：是在玉澜堂吗？能不能更准确一点儿？

生：是在去往玉澜堂的路上。

师：很好，最后一处呢？

生：在玉澜堂院落里的海棠花下。

师：好。你能把这些地点都梳理出来，非常棒。这张作家的作文地图可以帮助我们理清作者的行文线索。同学们，一篇好的文章一定是有思路的，你看作者行到哪里，就写到哪里的儿童多，所以这么多写儿童多的句段读起来一点儿也不乱。你觉得哪些句子写得特别有意思，有不一般的味道？给你2分钟时间读一读，品一品，看看你的眼光好不好。（生自由品读）

师：我们来交流、分享一下你的发现。

生：我觉得第一自然段的句子很好，我觉得"小天使"这个词的意思就是说，那里的儿童很活泼。

师：有没有其他同学也找到这个地方，想对这个句子做补充说明的？

生：我觉得从"小天使"这个词还能看出儿童的纯真。

师：你们都注意到了这个比喻句中一个很重要的词"小天使"，作者把儿童比作小天使，使你感觉到儿童的天真、可爱、活泼。在这个句子里作者还把什么比作什么？

生：还把颐和园比作大魔术匣子。

师：对，大魔术匣子带给你什么感觉？

生：带给我一种奇幻的感觉。

师：对，很神奇，而且是变化无穷的。你看魔术表演的时候，魔术师从魔术匣子里可以不断地掏出东西来，而且要变出什么来你都不知道——神奇，变化无穷。所以，你要读懂这个比喻句，就要确定这个比喻句中非常重要的词，比如说这个句子中的"大魔术匣子""小天使"。（板书：确定重点词）要读懂这两个词背后的意思，这个比喻句的妙处也就能体会到了。（生齐读句子）

师：闹嚷嚷的一群孩子涌出来，冰心奶奶并没有觉得吵死了而是觉得他们像小天使，你又读出了一种什么感情啊？

生：我可以体会到冰心奶奶对孩子的喜爱之情。

师：是啊，她心里有爱，眼中有情，才会看到"小天使"。所以，这个句子很妙，它不但写出了儿童的多，写出了儿童的天真、活泼，更透出冰心对儿童浓浓的爱。（板书：爱）其他地方还能说说吗？

生：我觉得整个第三自然段都很好，因为这段写了男孩子和女孩子，而且还特别写了几个小朋友的样子，我觉得很妙。

师：还有谁也选了这一处，能继续说说吗？

生：我觉得作者写"个个鼻尖上闪着汗珠，小小的身躯上喷发着太阳的香气息"写得特别好。这里用到了"闪着汗珠"，一般我们说汗珠经常用"淌"，但这里用的是"闪"，"闪"说明是有光的。

师：嗯，有意思。你再想想：我们经常说"臭汗"，冰心奶奶为什么要说"喷发着太阳的香气息"呢？

生：我觉得冰心奶奶想象力很丰富。

师：不光是想象力丰富哦！

生：她非常喜爱孩子们，就算孩子们身上有汗，她也觉得这是一种香气息。（生鼓掌）

师：对呀，有爱心的人才能写出这样的好句子来。这个看似矛盾的地方恰恰隐藏着作者浓浓的爱意。这个句子还有哪里有意思？

生：还有一个有意思的地方，这里写了"男孩子""女孩子"，下面的"东一堆""西一堆"都是对称的。

师：哦，你感觉很有节奏，是不是？那我们来有节奏地读一读。（师生对读）

师：这么长的一段话，其实只是一句话，但有好多逗号，把它分成好多小小的短短的句子。这些小小的短短的句子，读起来很有节奏，哪怕字数不等，比如"戴着红领巾的""把外衣脱下搭在肩上拿在手里的"，结尾都有一个——（生：的。）然后就回到一种节奏上来，是不是啊？还能继续说说这个句子吗？

生：课文里说"也不知说些什么，笑些什么"，她没有说出孩子们到底说些什么，笑些什么，是为了留给人们想象的空间。

师：还有别的吗？（生静默）你们再来看，这个句子里写了"女孩子、男孩子"，又写了"戴着红领巾的"，那"戴着红领巾的"在不在"女孩子、男孩子"中呢？

生：在。

师：按道理说可以删。（投影以上文字并做删除）那"把外衣脱下搭在肩上拿在手里的"在不在"女孩子、男孩子"中？

生：在。

师：（投影继续删除）那"东一堆，西一堆"的在不在？

生：在。

师：（投影继续删除）既然都在，为什么不用简简单单的"女孩子、男孩子"，而是后面跟了这么一大串呢？（生静默）这样写带给你什么感觉？

生：感觉这个情景很热闹，人很多。

师：对。作者把女孩子、男孩子的各种情态都表现出来了，这么一层一层叠加上去，是不是感觉人越来越多，越来越热闹了？所以，以后你如果写到菜市场人多，放学时接孩子的家长多，也可以这样一层一层叠加着写哦。（生齐读课文体会）

师：一篇文章里好的语段，我们都要像这样仔细品读，你要有眼光看到它的好，才算是"读到了"，否则，只是"读过了"。

阅读"海棠开处"，发现花儿与儿童的内在关联

师：课文的第一到第四自然段基本都在写儿童的多，从第五自然段开始作者笔锋一转，写到了什么？

生：海棠花。（师板书：海棠开处，出示第五自然段写海棠花开的句子。生朗读）

师：这个句子带给你一种什么感觉？

生：我感觉海棠花开得很多，很茂盛。

师：如果作者仅仅要讲花很多，不用比喻也可以。你看，"繁花""密密层层""从树枝开到树梢"……这个比喻句的重点在哪里？

生："喷花的飞泉。"

师：对。"喷花的飞泉"带给你的感觉仅仅是多吗？

生：感觉海棠花活力四射。

师：对，这一点很重要。作者用"喷""飞"这样充满动感的词来描写静态的花开，就是为了表现海棠花的生命活力。（生齐读句子）

师：不过，我有一点儿小小的困惑：课题明明是"只拣儿童多处行"，作者为什么要花这么多笔墨写海棠花呢？请大家阅读第八自然段，看看能不能找到答案。

生：我发现作者写"花儿和儿童一样"，所以写花儿就是写儿童。

师：真好。你发现了第八自然段中一个很重要的词"一样"。作者发现了花儿和儿童有许多相似的地方。下面请大家打开阅读学习单（2），用心读第八自然段，想一想：作者为什么由花儿联想到儿童呢？在云状图内分别列出它们的共同之处。

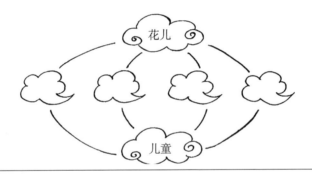

阅读学习单（2）

作家作文地图探秘

　　作者怎么会由花儿联想到了儿童呢？请认真阅读课文第八自然段，在云状图内列出花儿和儿童的共同之处，也可以自己思考：花儿和儿童还有哪些共同的地方？

花儿

儿童

[生完成阅读学习单（2），用时3分钟]

师：你们发现花儿和儿童有哪些共同之处呢？

生：都有旺盛的生命力。

生：都需要有人用心管理，照料。

生：都有欢畅、活泼的样子。

生：都可以给人带来快乐。

师：老师还想到了一个词——春天，你们知道为什么吗？

生：因为他们身上都有春天的气息。

生：春天给人带来生机勃勃的感觉，儿童也给人带来生机勃勃的感觉。

师：我还想到了另外一层意思：如果人的一生也有春夏秋冬的话，那儿童是人生的哪个季节啊？

生：春季。

师：对，儿童就是春季，就是最美的春光。所以作者说——（**生齐读最后一自然段**）同学们，这就是文学的联想，由一样事物想到另一样事物，读者能找到的相似点越多，这个联想就越奇妙。

阅读简介，发现作者

师：读这样的文学作品，我们还要关注作品背后站着一个怎样的人。课文后面有作者简介卡片，请大家自己读一读。（**生读**）

师：（**出示冰心题词，生朗读："有了爱就有了一切。"**）冰心爱母亲，爱儿童，爱自然和一切生命。她透过作品显示出慈爱、宽和、博大、纯净，处处流溢出人性之美，展现了东方文化的无限魅力。老师向大家推荐冰心的两本书，一本是她的《再寄小读者》，另一本是她的诗集《繁星·春水》。大家阅读时，可以像我们今天这样去品读作者的语言。读完冰心奶奶的作品后，我们也来尝试进行一点儿文学的联想——冰心奶奶由花儿联想到天真烂漫的儿童，那么对冰心奶奶这样的人，你能联想到什么？你能想到他们之间有哪些联系？练习以"对，冰心奶奶和 ×× 一样"为开头写一段话。

小学生也能读懂"大文学"
——我这样带小学生阅读名家作品

读到下面的句子，你的嘴角是不是会扬起，露出微笑？

沿路有无数人家的桃树、李树，果实全把树枝压得弯弯的，等待我们去为它们减除一分担负！还有多少黄泥田里，红萝卜大得如小猪头，没有我们去吃它，赞美它，便始终委屈在那深土里！①

这段文字出自沈从文先生的回忆录《从文自传》，是说他和顽童们星期日去苗乡场集赶集是怎么解决"瘪了肚皮"的。慷慨的地母，捧出了好东西馈赠给她的孩子们；巴不得被吃的果实、红萝卜是那样可爱。

这样的文字，如果没有人去读它、赞美它，便也始终"委屈在那深土里"！

2011 年，在钱理群先生的带动下，我与一帮朋友编辑出版了一套"小学生名家文学读本"。在我看来，小学的文学教育是不可或缺的，目前风起云涌的儿童文学阅读现象，正是基于这样的认识出现的。然而，孩子们阅读的儿童文学作品大多是外国作家创作的。我们能不能向小学生提供很中国很文学的作品呢？尤其是到了小学高年级，学生阅读的"牙口"渐好，能不能向成人文学"挺进"一下？于是我们把目光投向了活跃在上个世纪中国的文学大师们。

2014 年春天，我带着六年级（6）班的学生开启了一段《小学生沈从文读本》的阅读之旅。这个班是我从四年级一手带上来的。

---

① 沈从文.从文自传 [M] .//沈从文集.北京：北京十月文艺出版社，2008：31.

听那些封存在文字里的声音

阅读沈从文的作品对小学生来说是一种挑战。不过我一直以为，读这种书对学生而言意义很大：学生可以通过挑战自己的智力去够高处的"苹果"，其收获不仅在于摘到的"苹果"，更重要的是增长了"够到"的能力。

这次阅读旅程的挑战首先来自沈从文先生的文字。沈先生文白夹杂的语言形式，书中陌生的地名、名词，学生读起来有一定困难。"寒假里我买了这本书打开试着读读看，没想到不认识的生字、不懂的句子那么多，勉强读了几句，读得磕磕绊绊的，很吃力，就不想读了。"这是薛梅启旸同学的初读体会。

学生要克服阅读理解沈先生作品的困难，最简单也最有效的办法是——朗读，出声朗读。出声朗读所产生的效果，有时真让人意想不到。我有个学生叫顾肖泳。有一次，我布置的语文家庭作业是完成阅读练习卷《谁也不能施舍给你未来》。第二天，他交上来的卷子开了好几处"天窗"。他说看不懂问题，做不了。于是，我把他拉到身边，把文章给他慢慢地读了一遍，然后又把每个问题读了一遍，他居然都懂了。由此可见，出声朗读，尤其是融入了教师情感和理解的朗读，可以带给学生立体的阅读体验，从而增进学生对文本的理解。另外，部分学生读不懂的原因，实际上是没有能力让自己静下心来把文字认真"过一遍"。

《小学生沈从文读本》第一编"顽童自传"中的第一篇文章《我所生长的地方》，是由我朗读给学生听的。我朗读的速度稍稍慢于平常的语速，遇到长句、特殊句式或者关键处就稍作停顿，以便让学生体会如何正确断句。之后的《逃学》《捉蟋蟀》两篇文章由我和优秀学生接力读；再往后，读得渐熟渐顺，则全由学生接力读。在早自修及阅读课上，我们出声朗读了第一编和第二编的文章，其余三编的文章则在课余时间由学生自己读。

著名语言学家克拉申曾提出过一个"窄读"的概念：为了保证可理解性输入的效果，需要让阅读的题材相对集中：比如围绕一个作家的作品来读，围绕某个系列读，这样读者就不会遇到很多生词，不会因不熟悉背景而造成理解困难。从我们的阅读实践看，这个观点很有道理。一个人的文章有他的独特体系和语言密码，名家作品尤其如此。在一个月时间里，我们集中阅读沈从文的文字，熟悉了他的话语方式以及他所写的故事和背景，朗读和理解可谓渐入佳境。

"'石罅''扳罾''田塍''傀儡'……这些词你能一个音都不错地读出来吗？我骄傲地说，我能。'辰州府总爷巷第一支队司令部留守处那个派我每天钓蛤蟆下酒的老军官的儿子'，这么长的一句话你能流利地朗读吗？我骄傲地说，我行。我读了《小学生沈从文读本》后，现在再读语文书上的那些课文，简直是张飞吃豆芽菜——小菜一碟。"这是胡钰熙同学的感受，以至后来有同学把能站起来朗读当作一种荣耀："我多么想站起来朗读啊，为了能站起来朗读，我提前查了字典。"

尝试理解丰富的人性

据我了解，学生最喜欢这本书第一编"顽童自传"里的故事。几乎每个人（无论是大人还是小孩儿）心灵深处都住着一个顽童。这一编描绘了一个乡下孩子充满野性与纯真的生活，这样的生活若放在今天，即便是农村孩子也已经过不上了。学生喜欢这一编，饱含着他们对沈先生童年生活的无限向往。谈到如果和童年沈从文一起最乐意干的事，学生大多选择捕鱼、划船、游泳和斗蟋蟀。游泳高居榜首，我想原因可能是沈先生把游泳写得特别好玩，重要的不是游泳本身，而是和谁一起游，又游出了怎样的故事。

在读这本书的日子里，课间我班的男生们会在教室里喊："熊澧南，印鉴远，你见我兄弟了吗？""我们不知道，你不看看衣服吗？"

我暗暗发笑，有时也忍不住喊一声"熊澧南——"，他们就会顺着喊"印鉴远——"。

我请学生用图示法将这本书中出现的各色人物做了归类整理。

这样的归类整理很有意义。由此我们可以发现，沈从文是那么钟情乡下人。

为了理解那些生活在社会底层的小人物，我们把阅读重点放在《"古罗马战士"老纤手》一文上。这篇文章是从《湘行散记·一九三四年一月十八》

选出来的。老纤手是这样出场的："一个老头子，牙齿已脱，白须满腮，却如古罗马战士那么健壮，光着手脚蹲在河边那个大青石上讲生意来了。"①

结合日期以及文中描述的干冷气候，读到这个 77 岁的老人"光着手脚"时，我们心中不免要"嘶"一下的——他不冷吗？

然后关注这个老头讲生意的细节。为了"一百钱"（折合银洋约一分一厘），与船上的水手"大声嚷着而且辱骂着"，但看到三个水手把船开到急流里去了，"不再坚持那一分钱，却赶忙从大石上一跃而下，自动把背后纤板上短绳缚定了小船的竹缆，躬着腰向前走去了"。

待到小船上滩，"那老头就赶到船边来取钱，互相又是一阵辱骂。得了钱，坐在水边大石上一五一十数着"。

我引导学生们从这些细节里理解生活在底层的人们是怎样"讨生活"的，理解一个年近八旬的老人为了生存而付出的努力与执着，从而理解生命的美在于无论遭到何种强力压迫，仍有不可阻遏的活力。这也是沈从文先生着力要表现的主题——美在于生命本身。

文中的两次"辱骂"以及水手们的糙话，是学生阅读沈从文作品无法绕过并需要特别关注的地方。我引导学生注意作品中这样的文字："他们并不是吵架，不过在那里'说话'罢了。这些人说话照例永远得使用几个粗野字眼儿，也正同我们使用标点符号一样，倘若忘了加上去，意思也就很容易模糊不清楚了。这样粗野字眼儿的使用，即在父子兄弟间也少不了。可是这些粗人野人，在那吃酸菜臭牛肉说野话的口中，高兴唱起歌来时，所唱的又正是如何美丽动人的歌！"②

水手们为什么要说糙话甚至相互"辱骂"？结合作品的背景，学生们展开了讨论，大致说到了这样几层意思：水手们大多没有念过书，没有受过教育；当地的习俗让大家习惯了"辱骂"，且觉得这是亲切的表示，如果改了规矩，互相寒暄了，反而不习惯了；水手的工作条件是恶劣的，对这些随时都可能被激流带走的水手来说，辱骂不单单是一种习惯，更是一种情绪发泄。

最后一层意思作品中没有直接讲，而是学生的创造性理解，我以为这是

①② 沈从文.沈从文作品集 [M].昆明：云南人民出版社，1999：120，141.

把自己的心放到作品中才会产生的理解。之后，我再组织他们讨论这样一个问题：有人说，水手间的野话、粗话都应该删除，否则，作品就不纯洁，不适合学生读，你是怎么看的？

有的学生觉得很对，接触了这些字眼，容易跟着学。但更多的学生认为，这些野话和粗话保持了水手间对话的真实性，可以帮助我们更好地理解水手和他们的生活，若刻意地删除和美化，会使这些水手丧失本真的一面。正如周作人先生在《药堂杂文》的序里说的，文章里有时有些粗话俗字，是出于意思怎么样写得好就怎么写。

关于我们在日常生活中要不要学这些话，我引用了第一编《姓文的秘书》中的话提醒孩子们："莫玩这个，你聪明，你应当学好的。世界上有多少好事情可学！"[①]

"照我思索，能理解'我'；照我思索，可认识'人'。"这是沈从文先生墓碑上镌刻的两句话。通过阅读沈从文的作品，学生对人性也有了某种深层的认识。这是李淑寅同学写的一段阅读感受："春节过后，我买来了《小学生沈从文读本》。也许是因为好奇，我打开了这本书。读完第一编和第二编，我很惊讶：怎么写的都是逃学、打架的事，还有那些水手，怎么说的都是骂人的话呢！当我在老师的引导下再次阅读时，我对沈从文笔下的人物有了新的理解：这些人，我们不能去唾弃、侮辱他们。他们也是为生活所迫。要是我们处在他们的环境里，可能也会那样。他们是真实的，他们身上保留着原始的真与美。我居然喜欢上了那些吃酸菜臭牛肉说野话唱动听美丽的歌的水手了。"而庄雨静同学说到自己喜欢的人，是《滕回生堂今昔》里的"寄父"，喜欢的缘由是在文章的细节里她看到了人真实的说不清道不明的一面：寄父不许儿子挂肉钓鱼，以为那是取巧，不是男子汉所当为，然而对因此钓来的鱼，有时不问死活就掷到河里，有时也会把鱼煎好来款待客人。

感谢沈从文先生。借助他的这些作品，学生们开始懂得人远远不能以好人、坏人穷尽分类，开始尝试着去理解人性的丰富与幽微之处。

---

① 张学青.小学生沈从文读本 [M].杭州：浙江少年儿童出版社，2011：50.

有意思的组织，有意思的语言

沈从文先生对"做文章的技巧"是很自信的，他说：

我的理想是慢慢地写，慢慢地求进步，目前无读者，无出路，不足介意。我却希望好好写三十年，到二十世纪末还有读者。读者如不能从我作品中取得做人气概，至少还可望从我作品中取得一点做文章技巧。①

他的学生——著名作家汪曾祺先生在《星斗其文，赤子其人》里是这么说他的：

沈先生讲创作，不大爱说"结构"，他说是"组织"。我也比较喜欢"组织"这个词。"结构"过于理智，"组织"更带感情，较多作者的主观。他曾把小说一条一条地裁开，用不同方法组织，看看哪一种形式更为合适。②

沈从文在西南联合大学教书时不擅于讲而擅于写——他讲不好，但他可以写给你看。阅读沈从文的作品，我们可以带学生一起学习文章的"组织"。比如，他写小时候和朋友们偷着划船，遇到不同的船主会采取不同的应对策略。他用两条线组织文章，一条线写船主的表现，另一条线写"我们"的表现。

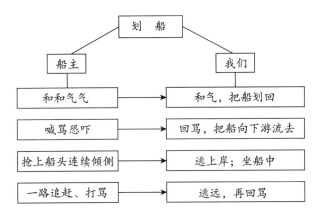

在《游泳》一文里，沈从文写游泳的过程是哥哥和"我"之间"看护"

---

① 张学青.小学生沈从文读本 [M] .杭州：浙江少年儿童出版社，2011：206-207.
② 汪曾祺.汪曾祺文集：散文卷 [M] .南京：江苏文艺出版社，1993：140.

与“反看护”的过程。“见招拆招”的行文线索让《游泳》一文显得情趣盎然，深受学生喜爱。

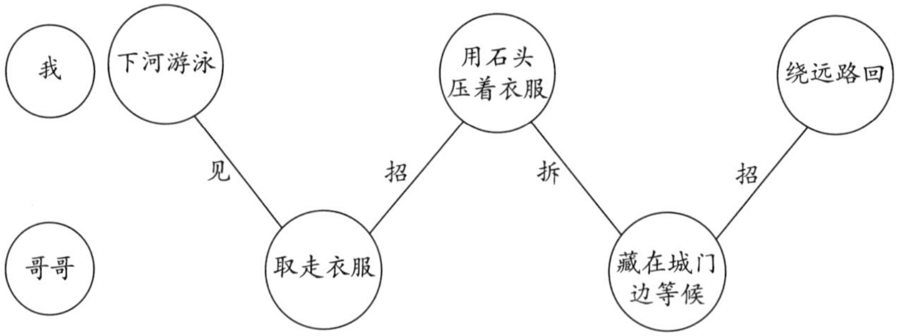

在《离家》一文里，作者以离家的心绪变化组织文章，全文因此摇曳多姿。

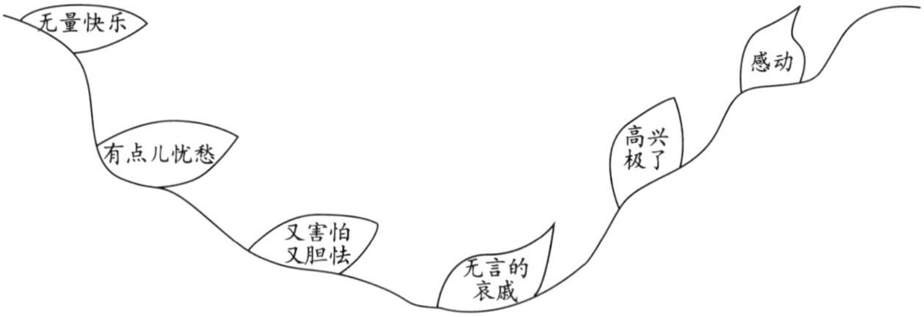

沈从文在小说《边城》开头一段的写法像高明的电影艺术家设计镜头一样：由茶峒引出小溪，由小溪引出白塔，由白塔引出人家，由人家引出老人和女孩儿，然后写到女孩儿翠翠。我们的目光就在作者的“组织”下，一点儿一点儿被引到那个情境、那条小船、那个老人和那个女孩儿。

这样的组织技巧，有心的学生在教师讲过以后就会模仿。马超群同学写的周记《背元素周期表》，就是依照自己背元素周期表的心绪变化来组织全文的。学习《一个爱惜鼻子的朋友》时，我讲了写文章应如何处理主角和配角的关系，随后，范吴斌同学写了一篇作文《一个叫迮何的同学》，开头是这么写的：

班里有三位同学和我的关系最为要好。一位是薛梅启旸，是我们以前的美术老师的儿子，现在就坐在我后面。一位姓褚，叫褚康，比我大，从小和我生活在同一幢楼里。还有一位是迁何，长得特别高，眼睛往里深凹，眉宇间长着一颗痣。我奶奶字认得不多，总把"迁何"叫成"炸何"，又被我传到了班中，从此，迁何变成了"炸何"。

教师带领学生阅读沈从文的作品，除了学习他组织文章的技巧，还有一个重要的角度，就是要带领学生欣赏他语言的独创性。沈从文先生深研过传统绘画，写起景来，不着痕迹，轻轻几笔，就把一个景色的精髓勾画了出来。

遇晴明天气，白日西落，天上薄云由银红转成灰紫。停泊崖下的小渔船，烧湿柴煮饭，炊烟受湿，平贴水面，如平摊一块白幕。绿头水凫三只五只，排阵掠水飞去，消失在微茫烟波里。①

如果说这段话中的"白日""银红""灰紫""绿头"这些词语所呈现画面的色彩并不见得多么独特的话，那么"西落""转成""受湿""平贴""掠水飞去"这些动词的衔接，就使画面具有了"进行时态"的现场感。这是写景文字出彩的奥秘所在。

再来看看他笔下的夜景：

黑夜占领了全个河面时，还可以看到木筏上的火光，吊脚楼窗口的灯光，以及上岸下船在河岸大石间飘忽动人的火炬红光。这时节岸上船上都有人说话，吊脚楼上且有妇人在黯淡灯光下唱小曲的声音，每次唱完一支小曲时，就有人笑嚷。什么人家吊脚楼下有匹小羊叫，固执而且柔和的声音，使人听来觉得忧郁。②

沈从文的这段夜景描写极其典型。因"黑夜占领了全个河面"，人的视觉受到了限制，不能看到更多的景色，作者写什么？写光，写声音。的确，在黑夜里，人对光和声音的感受能力会更强。作者写火光，写灯光，写上岸下船在河岸大石间飘忽动人的火炬红光——让人仿佛看到了水手们手执火把上上下下的情形，而"飘忽动人"的不仅仅是火光，还有这些水手们上岸下

① 沈从文.沈从文作品集 [M].昆明：云南人民出版社，1999：54.
② 张学青.小学生沈从文读本 [M].杭州：浙江少年儿童出版社，2011：71-72.

船的想望和满足……我想无论是谁读了以后都会留下深刻的印象：这样的夜，这样的光，这样的小曲把人的心都唱软了。

我和学生一起读，读书本中的美景；我和学生一起品，品文字里的芬芳。那段时间，我觉得我和学生、整个教室乃至于静默的桌椅、橱柜，都浸润在文学的光泽里。"树不甚高，终年绿叶浓翠。仲夏开花，花白而小，香馥醉人。九月降霜后，缀系在枝头间的果实，被严霜侵染，丹朱明黄，耀人眼目，远望但见一片光明。"① 这样典雅、端庄又极富节奏与韵律的语言，我们就出声吟诵，直到烂熟于心。"船停时，真静。一切声音皆为大雪以前的寒气凝结了。""遇陌生人对她有所注意时，便把光光的眼睛瞅着那陌生人……"② 声音为"寒气凝结"，眼睛是"光光的"，每每读到这些让人过目难忘的词句，我和学生们就一齐感叹沈先生行文之妙。"沈从文只念过小学，对汉语的贡献比所有念过中文博士的人加起来还多。"作家冯唐对沈先生这样评价，我以为并不过分。

雷电的一击，声音光明皆炫目吓人，但随即也就完事了。一盏长明灯或许更能持久些，对于人类更合用些。生命人格，如雷如电自然极其美丽炫目，但你若想过对于人类有益是一种义务，你得作灯。③

我想，一个语文教师确如沈先生所言，"你得作灯"——我愿意用好的辅材为料，静默地燃烧，持久地发出光、产生热。

① 沈从文.长河 [M] .//沈从文集.北京：北京十月文艺出版社，2008：233.
②③ 张学青.小学生沈从文读本 [M] .杭州：浙江少年儿童出版社，2011：85，206.

童话都是真的

擦亮童话
——对童话教材和童话教学的重新思考

在中国，儿童文学进入学校，有一个从"异物"到"体制外"再到"体制内"的三级跳跃过程。二十世纪二三十年代是一个发现儿童、关注儿童教育的辉煌时代。当时，周作人、赵景深、叶圣陶、魏寿镛、吴研因等一批大家都参与了儿童文学的讨论。周作人先生的著述《儿童文学小论》，从人类学、民俗学和儿童学的角度去讨论儿童文学，研究童话，可谓深入浅出。

关于童话

周作人先生认为，普通的童话是原始社会的文学，原始社会的故事普遍分作神话、传说、童话三种。神话是创世以及神的故事，可以说是宗教的。传说是英雄的战争与冒险的故事，可以说是历史的。童话的实质也有许多与神话、传说共通，但是有一个不同点，便是童话没有时与地的明确的指定，又其重心不在人物而在事件，因此可以说是文学的。

确实如此，无论是早期的天然的民间童话（即前面提到的"普通的童话"），还是后来个人创作的童话，都表现出了其文学的价值与意义。当下，教育界的一些人已认识到了童话之于儿童的特殊作用，不会再将童话故事斥为"猫狗教材"，但遗憾的是，在学校童话教育常常被拘泥于一个很小的所谓"语文味"的世界里，人们对童话的文学价值以及其对儿童生活的意义远没有引起足够的重视。

不够重视的原因，首先涉及人们对儿童当下生活的理解。成人往往急于将儿童拉到一种高度，急于把庞大的知识体系教给他们。儿童所有的"现在"都是在为"将来"做准备。诚然，我们选择一些童话编入教材或者进入课堂，往往只是为了让孩子认更多的字，懂更多的理，或者为了改掉孩子身上的某种毛病，其目的只在于"寓教于乐"。于是，童话成了一点点蜂蜜，被掺进"药水"里让孩子喝，变成了让孩子吞咽知识、懂得道理的手段和方法。我们竭尽全力，最后往往是把仙女的魔法棒变成了一根毫不起眼的木棍子。这种做法的背后有一种可怕的逻辑：孩子的时间分分秒秒都不可以浪费，都要用在长大成才的路上。

其次是人们对文学功能的漠视和淡化，有人甚至把文学误解为让学生增加一点儿伤春悲秋的情绪，那还不如训练学生写近义词、画中心句来得更实在。的确，文学的影响并不是立竿见影的，文学对人的滋养如同阳光雨露播洒在一棵树上，是在不知不觉中潜滋暗长的。但是，好的文学作品必定渗透着哲学思想和理性精神。别林斯基说，文学有巨大的意义，它是社会的家庭教师。文学所对应的，不止是语文一块小小的区域，而是整个人生。如果儿童只能在一个逼仄、狭隘的所谓"语文味"的空间里学习童话的话，那么他们一定会抵抗的——他们身上有一种奇异的不知道疲倦的天性，谁和他们的这种天性作对，他们绝不会轻易就范。

没有"现在"的儿童，是不可能拥有美好"将来"的。因此，今天的教育者应当充分认识到童话的意义和功能，恢复其柔软性，确立童话教育的文学地位，捍卫儿童生命中珍贵的欢乐时光。童话应该成为我们时刻的牵挂和一生的信仰，应该成为小学的一门重要课程，而不是低段儿童识字、写字或者练习句式的一种材料。

当下语文教材中童话选文有待提升之处

小学各册教材均应有童话作品。《全日制义务教育语文课程标准（实验稿）》针对第一学段提出了"阅读浅近的童话、寓言、故事"的阅读目标，确立了童话作为这一学段首选文体的地位。在人教版教材小学低段的选文中，童话占了 26.7%[1]，可见童话特有的价值受到了重视；在人教版教材小学中高

---

[1] 2010年，我对人教版各体裁文章数量做了全面的统计，本文涉及的数据均为当时的统计结果。——作者注

段的选文中，童话的篇目渐渐趋少，选文是要符合儿童心理发展特征的，但3.9%的比例还是偏低了些。对小学中高段的孩子来说，小猫小狗之类的道德教化文章自然显得幼稚而可笑，但优秀的童话故事往往蕴藏着丰富的内涵及审美价值，是值得任何年龄段的人阅读的。即便我们成人，读《小狐狸阿权》或者《美人鱼》这样的经典童话，一样会动容。童话能让人在现实中更诗意地栖居，因而我以为小学各册语文教材中都应该有童话的位置。

童话选文应视野更广。人教版 12 册教材共选入童话 40 篇，其中，署名的作品有 29 篇，这些作品大多出自知名的儿童文学作家之手。从被选入的童话作品看，我国的作品居多，外国的作品也安排了一定的比例，体现了编者开放的胸怀和眼光。其实，东方的、西方的，古代的、近代的，不同国家、不同民族、不同地区、不同风格、不同流派的童话，编者都应该予以考虑。

部分童话说教意味太浓。从人教版所选文本的内容看，总体比较优秀。像《雨点儿》《雪孩子》《小蝌蚪找妈妈》《风娃娃》等，这类作品叙述简洁、明快，情节简单、干净，语调较为活泼，符合儿童的心理特点和阅读能力，但也有部分童话偏重道德教化，缺乏趣味性，文学形象缺乏审美的空间，甚至连内容也是生硬的拼接。比如《两只小狮子》塑造了一只懒狮子和一只勤狮子，目的就是教育学生从小学好本领，不靠父母吃饭，这样的故事无法给人带来新奇感和悬念感。其实，童话未尝不可以有寓意，有教化意义，但必须做得如钱钟书先生所说的那样，如水中盐、蜜中花，体匿性存，无痕有味。又如《从现在开始》，说的是狮王要找动物接替它做"万兽之王"，每种动物轮值一个星期，谁做得好谁就是森林里的新首领，猫头鹰、袋鼠都做得不好，小猴做得好于是成了"万兽之王"。这个故事的牵强附会是显而易见的——童话故事是荒诞的，但应该建立起自身的逻辑，并且与现实世界对接。

不要拒绝幻想和荒诞。从表现形式来看，人教版语文教材所选的拟人体童话占多数，童话故事里的基本要素——幻想成分总体显得单薄。或者说，教材的编者对超现实、重幻想的故事怀有戒备心理。20 世纪 30 年代，有学者抨击童话，认为狗说鸭子说、猪小姐狗大哥之类的说法是蛊惑儿童。著名教育家陈鹤琴在《"鸟言兽语的读物"应当打破吗?》一文中的论述相当有力。他认为鸟言兽语的读物与吃奶有些相似。年幼的小孩子很喜欢听鸟言兽语的故事，恐怕在那时候也只有讲那些故事给他听，就像一岁的小孩子只有奶是他唯一的营养料。到了长大以后，奶应当少吃而鸟言兽语的读物也应当少讲，多给他看些旁的读物。绝对不可以说奶是坏的东西，不能给他吃。幻想和荒诞是童话故事的金线和银线，目前教材编选的童话在这方面还显得相对保守。

要使童话故事化育为"我"的精神养料

现行的小学语文教材，语言与文学是不分家的，因此，童话被编入教材后，往往被用作学生识字写字、训练句式的材料而被忽略了其本身文学的、审美的价值。夯实学生的语文基础无可非议，但文学教育也得从娃娃抓起。文学不是奢侈品，而是生活的必需品。童话作为一种特别适合儿童阅读的文学体裁，理应在这方面承担起它应有的功能。

小学语文课程标准的总目标对童话阅读的目标提得比较模糊。为了使其进一步具有"目标"的功能，增强清晰度和可操作性，指导具体教学工作的展开，我根据自己的实践和理解，对小学阶段童话教学的目标做出了这样的定位。

首先，带领学生阅读古今中外百篇经典童话，让学生在大量阅读童话的基础上，感知童话的特点，初步掌握童话的阅读策略。

其次，让学生乐于阅读童话，在阅读中有自己的情感体验，能从中受到美的熏陶和智慧的启迪。

最后，让学生初步掌握童话故事的基本结构，能讲述读过的童话故事，了解童话特殊的表达形态，乐于创编童话。教师要培养学生的想象力。

在这三个目标中第一个是基础。学生只有阅读了一定数量的优秀童话故事，才能掌握丰富的原型，才能掌握阅读的方法，才能领会、把握故事中的符号。优秀童话作品不断被植入儿童的心灵，继而产生碰撞，儿童创编故事的灵感、想象力才能更好地萌芽。"在阅读中有自己的情感体验"这个目标，强调的是童话与"我"生命的对接，"我"以生命体验唤醒童话，同时童话也以鲜活的形象、丰富的内涵打开"我"的心灵之窗，从而使故事化育为"我"的精神养料。

童话教学"三宝"

童话教学有"三宝"，教师应掌握并灵活运用。

听与讲：传统的也是伟大的。似乎与自主学习有点儿关系，讲故事这种教学手段正在渐渐地淡出语文教学领域。我以为在童话教学中，听与讲仍是传统和伟大的方法，其原因在于，从童话的起源上讲，最早流传民间的童话就是成人为儿童编的、讲给儿童听的故事。这种口耳相传的传播方式，要求故事具备"容易记忆的特征"，因而民间童话故事通常有公式化的开头——从前，还有人物背景模糊、情节也在不断变化的特点。而儿童倾听故事是对故事整体性的圆融的把握。

儿童无法从题材、主题、人物、情节、语言、结构等方面去分析童话，但这并不妨碍他们对童话的欣赏。他们把握故事依靠的是直觉。所谓直觉就是接触故事的第一感觉、第一想法、第一体验，它调动的是阅读者的审美直觉力，是不经过头脑周密思考而获得的一种艺术感觉。瓦尔特·本雅明在《讲故事的人》（1936 年）一文中说，"如果睡眠是肢体松弛的顶点，百无聊赖则是精神松懈的巅峰。百无聊赖是孵化经验之卵的梦幻之鸟，枝叶婆娑之声会把它惊走。它的巢穴是与百无聊赖休戚相关的无所为而为……"[①] "无所为而为"也许应该成为讲述童话的一个宗旨。孩子需要成人安静地讲述童话，需要一种不被"学习目标"打扰的干干净净的讲述。孩子在聆听的过程中，可以让一个个音节在耳朵里创造奇迹。

学生记住故事本身比记住一个干巴巴的道理对他而言更有价值。对低年级学生来说，我们只要让故事给学生留下鲜明的形象就是大大的成功——形象的力量在于对未来的潜在理解。形象有一种天然的"觉醒"能力，学生可以在长长的岁月里慢慢体会，而"解释"往往会削弱形象的力量。因而，学

---

① 陈赛.猎人在奇境：童年故事开启的异度空间 [J] .三联生活周刊：2015（15）：39.

生倾听故事之后能讲述其蕴藉的内涵绝不是仅用"锻炼口头表达能力"能概括的。

当然，教师指导学生讲述故事也要讲究方法。比如说，指导学生把握故事的结构，或者说作品内在的整体格式塔。在一般的童话中，"故事—情节"模式是压倒一切的结构模式，一系列事件的发生可以满足儿童"后来呢？后来呢"的好奇心。综合起来看，被选入教材的童话故事大致有这样一些结构类型。

单线型结构——以主人公的行动贯穿整个故事。如《丑小鸭》就以丑小鸭的成长历程为线索，丑小鸭走到哪里，故事就发展到哪里。

对比性结构——在对比中表现事件和人物。如《两只小狮子》中懒狮子和勤狮子的对比；《雨点儿》中大雨点儿和小雨点儿的对比；《风娃娃》中人们对风娃娃做事前后态度的对比；《卖火柴的小女孩》中幻想与现实的对比。《陶罐和铁罐》《小柳树和小枣树》等故事采用的都是对比性结构。

反复性结构——这是童话故事中最常见、最经典的结构。反复是相同或相近的情节在不同的地方再来一次。反复是一种强调，它使某种模式更牢固，更易于被人们辨认。反复也使故事显得更为单纯，同时也是一种节奏的调节。小学语文教材中的童话大都是这样一种反复性结构，且以三次反复为多，如《一次比一次有进步》中燕子妈妈让小燕子去菜园里看冬瓜和茄子就去了三次；《小熊住山洞》中一年四季，小熊走进森林，一次次"舍不得砍"……当然，反复也不是一种完全的重复，每次反复都会加入一些新的元素，或者包含着递进因素。教师在指导学生把握这种反复性结构时，要把关注点放在每次反复时加入的新元素上。

此外，还有冰糖葫芦式结构。即一条线索串起一个个事件，每个事件都有相对的独立性，但这种结构在语文教材中几乎没涉及。

教师引导学生把握童话故事的这些结构类型，可以帮助学生更好、更快地记住故事的大致情节。教师讲故事时，短故事可以独立讲，长故事可以让学生接力讲，还应该特别注意给学生留下一个空间，指导学生有创意地讲。比如，教师可以让学生选择故事中的一个角色，用第一人称讲故事。

分角色朗读与表演：经常的也是有效的。就童话文本而言，分角色朗读与表演应该算是经常使用且很有效的教学策略。为什么会这样呢？我们试图找出其背后的原因，这样才能把这种策略运用得更到位。

其一，童话故事大多采用第三人称的叙述方式，讲述者是置身事件之外的，这与散文或者以第一人称讲述故事或情节的小说是有根本区别的。我们阅读一个个故事，本质是想理解世界，知道"我"是谁，"我"可以怎么办。分角色朗读与表演这种策略，就是把"我"化在故事里的一种有效路径。

其二，童话故事一般具有儿童情趣和游戏精神。学生置身在童话的幻想世界里，希望成为其中的一员，由此获得想象中的成就感、解放感和自由感。这种解放感和自由感可以给儿童带来审美的愉悦。幻想精神和游戏精神，是儿童热爱分角色朗读与表演的直接原因。

其三，从语文的角度看，分角色朗读与表演不但可以促使学生更主动地理解故事，把握形象，同时又在特定的情境中帮助学生做了生动的语言训练。学生在对表演技巧和角色心理的揣摩中，丰富了情感体验。

分角色朗读与表演的形式有很多种。人物较少的文本，适宜在小组里表演，这样每个人都能动起来；人物较多、对话丰富、故事性强的文本，可以排演课本剧，中、高年段学生具备这个能力；对话少、神态和动作丰富的文本，可以用哑剧的形式表演。值得一提的是，不管哪一种角色扮演，需要的都是化境，用郑振铎先生在《儿童文学的教授法》中的话说，是教师、学生与故事化在一起。这里以童话《去年的树》为例，谈谈化境的做法。

在《去年的树》里，鸟儿在树根、门先生和小姑娘的指引下一路追寻它的好朋友树。每一次追寻都采用了相同的结构：鸟儿问——××回答——鸟儿飞，这不但使作品拥有了一种节奏感和旋律美，也表现了鸟儿寻找朋友的决心与毅力。教师可将故事的内在节奏化为课堂的教学节奏，指名扮演鸟儿、树根、门先生和小女孩儿，鸟儿不断地追问树的行踪，教师此时可以加入旁白："她向××飞去，又累又倦，但她的翅膀无法停下。她的心头一定不断地回响着这样的声音——'再见了，小鸟！明年春天请你回来，还唱歌给我听。''好的，我明年春天一定回来，给你唱歌。请等着我吧！'"

请学生一次次重复说出这样的对话，"诺言""好朋友"这两个词的丰富内涵就深深地印在学生心里了，而文本中淳厚的文义也在一次次分角色朗读中成为学生内心呼之欲出的情思。

想象与对话：审美的也是深层的。 根据皮亚杰的儿童思维发展阶段理论，在整个小学阶段儿童的思维处于具体运算思维阶段。童年时期是儿童培养、发展想象力的最佳时期，如同农事的节气，是不能错过的。童话是一种特别富有想象力和幻想色彩的文体。童话故事将童话所展示的世界变成真实、可感的世界，教师教学生学童话的过程就是发展学生想象力的过程。

很多一线教师在童话教学中会充分利用文本的空白点，引导学生想象。如教学童话《称赞》，教师可以引导学生想象小獾做的三个板凳的粗糙和做板凳时付出的努力，体会"称赞"的必要性；教学童话《从现在开始》，可以让学生想象动物们叫苦连天的场景，想象狗熊练跳的本领的无奈与痛苦，体会猫头鹰和袋鼠发布的命令的荒诞性；教学《去年的树》，可以让学生想象鸟儿寻找树时的眼神、对话时的眼神、唱完歌回头时的眼神……我以为这些教学环节是教师出于对童话这种文体的整体把握而设计的。

有些教师会以文本为支点，构造新的想象空间，改编、创编童话故事。教师教学《小木偶的故事》时，可以引导学生像这样想象："小木偶有了人类的所有表情后又踏上了去大千世界的旅程。一天，他来到一个非常奇怪的国家——不笑国，这个国家里每个人的脸上都没有笑容。他在不笑国里会有哪些遭遇呢？请你接着编下去。"教师教学《卖火柴的小女孩》时，可以设置这样的问题：一根火柴点燃一个希望，如果你手中有三根火柴，你希望每根火柴点燃后你眼前会出现怎样的景象呢？仿照课文的叙述方式，写下你的"火柴童话"。

越是优秀的故事就越有发掘的空间，越能培养学生的审美情感。在中高年级的童话教学中，除必要的分角色朗读与表演外，教师还需要设计开放性的话题，为学生营造宽松、自由的对话空间，通过对话，将童话故事中丰富的意味凸显出来。美国教师上的阅读课《灰姑娘》就是一个非常成功的案例。美国教师用6个问题与学生一起探讨《灰姑娘》：

（1）你们喜欢故事里的哪一个人物？不喜欢哪一个人物？为什么？

（2）如果在午夜12点时，辛黛瑞拉没有来得及跳上她的南瓜马车，你们想一想，可能会出现什么情况？

（3）如果你是辛黛瑞拉的后妈，你会不会阻止辛黛瑞拉去参加王子的舞会？你们一定要诚实哟！

（4）辛黛瑞拉的后妈不让她去参加王子的舞会，甚至把门锁起来，她为什么能够去，而且成为舞会上最美丽的姑娘呢？

（5）如果辛黛瑞拉不想参加舞会，就算她的后妈不阻止，甚至支持她去，也是没有用的，是谁决定她要去参加王子的舞会的？

（6）这个故事有什么不合理的地方？

教师用这6个话题在轻松、随意间带领学生领略经典童话的魅力。这样的问题，可以帮助学生"看到没有看到的"或者"更清楚地看到所看到的"。它尊重学生，让学生享受到丰富的感情体验和深层阅读的愉悦，但在我们的童话教学中很少见到类似这样优秀的个案，这也是我们以后需要努力的方向。

童话教学"三忌"

一忌说教。说教型课堂是当下童话教学中普遍存在的现象。这一方面有教材的原因，巧妇做饭用的是糙米，要想把饭做得香甜可口，终归是有难度的。另一方面是教师自身的原因，教师不能从文学的角度去把握童话，反而把告诉学生一个道理或者灌输知识作为教学中重要的甚至是唯一的目标。我们需要认识到，童话最重要的功能不是教育功能和认知功能，而是顺应孩子的天性，释放童心，提升儿童的想象力，让儿童从童话中受到美的熏陶、情感的洗礼和智慧的启迪。如果说童话有教化的功能，与其说是目的，不如说是额外的奖赏。

对知识性很强的童话文本，教师可以通过运用恰当的方法，使之变得更文学些，起码是更语文些。如《小壁虎借尾巴》是一篇经典童话，它传递了这样一些科学常识：一是壁虎遇险会通过断尾自卫，切断的尾巴还可以再生；二是小鱼、燕子、老牛的尾巴各有各的作用。文后安排了一道拓展题："我还知道别的动物尾巴的用处呢！"教师可以把童话中的情境带到这个话题中去：又有一只小壁虎尾巴断了，它会跟哪些动物借尾巴，动物们会怎么回答它呢？

二忌求实。童话中没有任何一个主人公对鸟能言、兽能语表示惊奇，因为童话的特殊语境已经许诺了这一切。在童话的语境中，真实不再是正常逻辑上的真实，而是心理上的真实、情感上的真实。在童话中，水晶鞋是真实的，沉睡了 100 年的玫瑰公主醒来后依然像从前那样年轻貌美也是真实的。倘若教师在教学中津津乐道于细究故事情节上的逻辑真实，就是对故事的损伤——破坏了童话特有的叙事风格所带来的魅力。

《小学语文教师》杂志做过一期童话专题，呈现了一组关于童话解读与教学的文章，以我对童话的理解，我觉得有些地方是不恰当的。如某位老师在童话单元的教学设计中，安排学生以填表的形式呈现每个故事发生的时间和地点。应该说，童话这种文体与小说最大的区别在于，童话尽量将作品的外部时空虚化、淡化，使作品最大限度地失去具体性和确定性，即便像《皇帝的新装》这样现实性很强的童话，作者也尽量抽去时间和地点，使人无法在历史的坐标系中确定其相应的位置，于是有了"许多年以前""在大城市里"这样的时空概念。倘若童话的大环境已经确定，作者也会想办法虚化、淡化甚至切断大环境与小环境的联系，创造出自己的时空。因此，教师在教学中将童话里的时空——坐实的做法不符合童话的文体特征。

无独有偶。有一位青年教师执教《卖火柴的小女孩》时，就不断追问学生：小女孩儿擦着火柴以后，真的看到了那暖和的烤炉、喷香的烤鹅和慈爱的奶奶了吗？其实，探究童话的真假是个很傻的问题。对这个童话故事来说，火柴带来的光明与温暖和梦境、幻境是如此的合拍！幻象也是根植于现实土壤的，女孩儿所能看到的就是她心中渴望的。聪明的教师完全可以让学生擦一根自己的"火柴"，而非追问小女孩儿是否真看到了。因此，这个追问是让人痛心的。

三忌拔高或越界。童话中大量采用了夸张、象征和隐喻等手法，使得故事的内涵与意蕴深厚。越优秀的作品，被解读的空间越大。但是在小学的童话教学中，教师要注意适度，做到深入浅出。有学者从孙悟空的金箍棒上解读出了男性的性器官，也有学者从《灰姑娘》中解读出了女性意识等，像这种从学术角度深度挖掘出来的童话的内涵，童心恐怕是无力承受的。

童话中的角色大多是扁平化的。角色要么丑得异样，要么俊得出奇，这都是常有的事。在创作童话故事的时候，作者有意识地简化事物，只将角色的某方面特征突出而将其他的特征忽略了。比如在现实生活中，狼的特征是多面的，作为一种肉食性猛兽，它凶残、狡猾，是各种小动物的天敌，但它有没有温情的时候呢？当然有。但童话故事中的狼和现实生活中的狼不是一回事。在童话故事里，狼的多重特性往往被删除，只剩下了一个特性——凶残，简而化之，就是一种恶的符号。因此，教师解读童话故事必须符合作者所设定的故事逻辑，不能越界阅读，否则作者"死了"，故事也"死了"。

关注世界童话史中的优秀童话

阅读百篇优秀经典童话这个目标仅仅靠课内、教材完成，是有困难的。一是教材受篇幅的限制，长篇优秀童话通常无法被选入，即便被选入，也常常是缩略版、改编版；二是课堂教学时间毕竟是有限的，大量阅读需要用课外时间去完成。因而，教师需要通过不同的路径，将一本本好书带到孩子面前，让他们产生阅读的兴趣。伏尔泰、康德、本雅明、博尔赫斯、卡尔维诺、纳博科夫，这些顶尖级的阅读者是怎么造就的呢？他们不太谈阅读方法，而是乐意告诉我们一本又一本的书名，津津乐道它们的好处。对此我们可以效仿，当然，前提是我们必须有开阔的眼界。浙江师范大学的韦苇老师在这方面做出了积极的探索，他在著作《世界童话史》中，将世界童话的发展史分列为一些重要的时期，并且以其间的代表作品或作家为每个时期命名。这里简单罗列一下，作为我们阅读优秀童话的地图。

史前时期：童话发生于民间，代表作：穆格发及其《卡里莱和笛木乃》与《列那狐的故事》。

贝洛时期：童话从民间走向文坛，代表作：贝洛及其《鹅妈妈故事集》、班扬的《天路历程》与斯威夫特的《大人国和小人国》。

格林时期：童话开始被确认，代表作：拉斯培、毕尔格的《吹牛大王历险记》，格林兄弟童话，夏米索及其《彼得·施莱密奇遇记》，豪夫及其童话。

安徒生时期：童话的现代自觉，代表作：安徒生童话。

爱丽丝时期：童话往童趣化方向探求新路，代表作：卡洛尔及其《爱丽丝漫游奇境记》、塞居尔夫人及其《毛驴回忆录》。

皮诺乔时期：童话走向平民，代表作：科洛狄及其《木偶奇遇记》、王尔德及其童话。

彼得·潘时期：童话崛立为文学体式，代表作：巴里及其《彼得·潘》、格雷厄姆及其《柳林风声》、洛夫廷《杜立特医生》系列。

温尼·菩时期：童话在游乐儿童，代表作：米尔恩及其《小熊温尼·菩》、特莱弗丝及《玛丽·包萍丝阿姨》系列、埃梅及其童话、萨尔登及其《小鹿班比》、恰佩克及其童话、小川未明和新美南吉的童话。

林格伦时期：西方童话在繁荣中多元发展，同时需要关注苏联、日本的优秀童话。

在中国，童话的写作起步比较晚，但也涌现出一批优秀的童话作家，如张天翼、叶圣陶、严文井、金近、陈伯吹、任溶溶、包蕾、孙幼军、叶君健、郭风、鲁兵、金波、郑渊洁、周锐、冰波、葛冰、张秋生、汤素兰、汤汤、嵇鸿等。这些现当代作家的作品值得我们关注与期待。

我们总是把美好的事物、美好的情境说成"像童话一样"，但在今天这样一个时代，童话的纯真、诗意和美好，需要我们去擦亮。只有擦亮了它们，我们才会像《极地特快》中的男孩儿一样，意外地得到一个无比悦耳的银铃。若得到了，那摇动的响声将会伴随我们一生。

一张网带来的改变
——《夏洛的网》读书交流会手记

我在一个网站上看到 E.B. 怀特的《夏洛的网》早在 1979 年就由人民文学出版社出版了，而 1979 年我刚 7 岁。如果那时有人做儿童文学阅读推广的话，童年的我也许可以读到这本书。很可惜，我是在 2004 年才得到这本书的。那年 6 月，上海的 Z 君在论坛上说，这本书由上海译文出版社出版了。其时我在偏僻的小镇上无法从网上购书，Z 君便自告奋勇地购买后寄给了我。我还记得他当时说的玩笑话："我来做夏洛，但希望不要死得那么早。"

E.B. 怀特（1899—1985），美国当代作家和评论家。他是地道的纽约人，功成名就后，举家迁往一座乡间农庄，过着恬静的田园生活。他在农庄里一边写作一边饲养动物，是个养猪的好手，曾经写下著名的《猪之死》。

一头猪如果长不大就要被杀掉，因为它没用；但如果它能长大，同样也要被杀掉，因为它有用（被做成烟熏火腿）！这个可怕的事实让怀特感到非常悲哀。于是，在小说《夏洛的网》里，他创造了一只蜘蛛夏洛来拯救小猪从而改变小猪的命运。

我大概只用了一天时间就把这本书看完了。我的内心与故事的主角产生了一种呼应。在深受感动的同时，我觉得不把这样的童书带给学生实在太可惜了。于是，这本书成了我做"师生共读整本书"这个项目研究的起点，而我的语文教学研究方向也因此有了改变。

人物与故事

我把这本书发下去后，让学生看书名、封面和扉页后面的人"物"表，然后对学生们说:"我们都没有看过这本书,根据我们目前掌握的信息,你能说出这个故事的主角是谁吗?"

有学生说是夏洛,因为书名就叫"夏洛的网"。这个理由很充分,既然书名中有夏洛,夏洛当然是主角。除此之外呢?他们开始研究人"物"表。有学生说:"弗恩、威尔伯和夏洛是主角,因为我发现这些人物的字体都加粗了。"对发现这一点的这个学生,我表扬道:"的确是这样的。我们在阅读图书的时候,要注意这些细节。出现重点人物或内容的时候,编者往往会通过加大或加粗字体、改变颜色或者增加插图等方式来告诉读者——这是重点。"

《夏洛的网》讲述了一个怎样的故事呢?如何快速地掌握这个故事的梗概呢?我请学生阅读封底文字,说说他们获得的信息:这是蜘蛛夏洛和小猪威尔伯的故事。威尔伯和夏洛在谷仓里建立了友谊。一天,老羊带来了坏消息,威尔伯的命运是在圣诞节被做成熏肉火腿。渺小的夏洛用自己的丝在猪栏上织出了网上文字,这彻底扭转了威尔伯的命运,让威尔伯在集市的大赛中赢得了特别奖。

这是两个动物之间的故事,弗恩为什么也是一个重要的角色呢?我请学生阅读书的第一、第二章。书中有一幅插图,描绘的是父亲要用斧子去砍落脚猪,弗恩觉得不公平便据理力争,拦住了父亲,救了小猪。她给小猪取名威尔伯,每天抚摩它,照顾它。童年的弗恩一直喜欢待在谷仓里,她能听得懂小猪和蜘蛛的话。当然故事发展到后面,弗恩长大了,男孩儿亨利更能吸引她。生命就是这样发生着、发展着和变化着。

威尔伯配得上蜘蛛夏洛给它织的网上文字吗

"蜘蛛夏洛为了拯救小猪威尔伯,都织了哪些网上文字?"我请孩子们一一找出并写在阅读学习单上,也相机把他们找到的词写在黑板上:"王牌猪""了不起""光彩照人""谦卑"等。

"你觉得威尔伯配得上蜘蛛夏洛给它织的网上文字吗?配得上或者配不上,都要有足够的理由说明。"学生依据问题做了梳理,我让他们先说说配不上的理由——

"它是一只落脚猪，出生的时候就是又小又弱的。"

"它很贪吃，而且跟夏洛不一样。夏洛是靠自己的网去捕捉食物的，而它很懒，要靠别人去喂它。跟所有的猪一样，它是一只懒猪。"

"我觉得它不仅懒，怕死，还很窝囊。故事中，栅栏松了，它跑到外面完全可以逃走，脱离猪圈的生活，获得自由，可是最后一桶泔脚就把它乖乖地引回猪圈，而且它还说，它情愿被关在自己的猪栏里。我为它感到悲哀……"

听了学生的理由，我不禁笑道："猪在童年期安全是第一位的需要。说了这么多配不上的理由，有没有一些配得上的理由呢？"我继续发问："小猪有过光彩照人的样子吗？"

学生说："威尔伯站在金色的阳光里，真是光彩照人。自从蜘蛛开始扶助它，它就尽力活得跟它的名声相衬。夏洛说它是王牌猪，威尔伯就尽力让自己看上去是只王牌猪；夏洛说它了不起，威尔伯就尽力让自己看上去了不起；现在网上说它光彩照人，它就尽力使自己光彩照人。"

"如果说站在金色的阳光里的威尔伯仅仅是看上去是只王牌猪，看上去了不起和光彩照人，那么可有一些时候它成了真正的王牌猪？"我追问。

"在夏洛就要死的时候，为了让老鼠把蜘蛛的卵袋取下来，威尔伯甘愿让老鼠先吃自己的食物。原先它是很贪吃的，它遇到死亡是要哇哇大哭的，这个时候它没有哭。"

"好的，这是小猪的变化。"我称赞这个孩子善于发现。

"我觉得威尔伯是一只懂得感恩的猪。它对夏洛说，如果有机会的话，它也愿意为夏洛献出生命。"

这个发现也很了不起。我启发学生再用心读读故事的最后一章："光说没有用，再看看威尔伯是怎样对待夏洛的孩子的。"

学生们找到了这样两段话——

威尔伯经常想到夏洛。它那个旧网的几根丝还挂在门上。每天威尔伯会站在那里，看着那张破了的空网，喉咙一阵哽塞。没有人有过这样一个朋友——那么深情，那么忠诚，那么有本事。①

…………

整个冬天，威尔伯一直盯住夏洛的网袋看，像是护卫它自己的孩子。……对威尔伯来说，它生活中再没有一样东西比得上这小圆球重要——不管是什么东西。它耐心地等待着冬天的结束，这些小蜘蛛诞生。②

至此，孩子们发现这只落脚猪威尔伯，如此忠诚，如此深情。它尽力做最好的自己，它让夏洛的帮助有了意义，它创造出了生命的奇迹——成了一只既可以看到圣诞节的白雪，又能听到来年青蛙叫的猪。这对所有的猪来说，都几乎是不可能的事情，而它做到了，所以威尔伯完全可以配得上蜘蛛夏洛的网上文字。

"孩子们，你们有这样的理解非常好。在这个故事中变化最大的，莫过于小猪威尔伯了。它是故事中最重要的角色。以后你们要记得：故事的主角可能不是最帅的那个，也可能不是最漂亮的那个，往往是故事中一直在变化的那个。"我给这段讨论做了个小结。

如果坦普尔顿也有一个夏洛

下面该探讨一下夏洛的意义了，于是，我们把目光聚焦在《最后一天》这一章。蜘蛛夏洛为什么要救威尔伯？在临终前，它对威尔伯是怎么说的？

我请孩子们对读威尔伯和夏洛的对话：

"你为什么为我做这一切呢？"它问道，"我不配。我没有为你做过任何事情。"

"你一直是我的朋友，"夏洛回答说，"这件事本身就是一件了不起的事。我为你结网，因为我喜欢你。再说，生命到底是什么啊？我们出生，我们活上一阵子，我们死去。一只蜘蛛，一生只忙着捕捉和吃苍蝇是毫无意义的，通过帮助你，也许可以提升一点我生命的价值。谁都知道人活着该做一点有

---

①② 怀特.夏洛的网 [M].任溶溶，译.上海：上海译文出版社：2004：166，169.

意义的事情。"①

读后，我请学生静静地思考这样几个问题：蜘蛛说的"有意义的事情"在故事中指的是什么？"生命的价值"到底体现在哪里？这件事的"了不起"又体现在哪里？

有孩子谈到，平常看到的蜘蛛只是为了自己活下去而捕捉苍蝇、蚊子，而夏洛却能帮助别人，为别人而活，所以很了不起。

我引导孩子们继续思考："如果说为别人而活就是有意义的事，那么把威尔伯杀了做成火腿肠，给人提供美味的食品也是一件有意义的事情，何必要救它呢？"

"我觉得这件事最了不起的地方，在于蜘蛛能织网上文字，创造了蜘蛛界的奇迹，而且这网上文字拥有神奇的力量，改变了小猪的命运。没有一只蜘蛛能做得这么好，所以它是一只王牌蜘蛛。"有孩子这样说。

我不由得击节叹赏。这个故事的意义在于生命的创造与改变，而这个孩子抓到了关键地方。

"要是老鼠坦普尔顿也有一个夏洛，夏洛可以为它织哪些文字？"我继续追问。

"机智——你用臭鹅蛋吓走阿拉布尔家的那个男孩儿救了夏洛的命。""果断——威尔伯在观众面前昏过去，你咬了它的尾巴让它重新站起来。"孩子这样回答。

是啊，如果坦普尔顿也有这样的夏洛，它也许也会改变。

谁是你的夏洛，你又是谁的夏洛

"谁是你的夏洛，你又是谁的夏洛？"这个问题，孩子们听后并没有出现小手高举如林的场景。

我忍不住给他们讲述了自己的故事——

---

① 怀特.夏洛的网 [M].任溶溶，译.上海：上海译文出版社：2004：159.

有一年暑假，我去贵州参加了一个支教活动。我们去的那个地方叫湄潭县。山路迢迢，水路迢迢，来回都辛苦得很。但为什么要去呢？因为这个活动的负责人是我的朋友魏智渊老师。我愿意做一回他的夏洛。

那次我上了一堂课。我的备课时间很短，当时正逢暑假找不到学生试上一次看看效果。这样未经试上的公开课于我还是第一次。没想到活动的反响很好。回来后魏老师写了一个课堂印象，说我的课沉静、智慧、优雅。那年九月，我去河北张家口又上了这一课，心里想的是魏老师为我织的网上文字——沉静、智慧、优雅，我就要努力使自己看上去是那个样子。所以，魏老师也做了一回我的夏洛。

我们彼此做了对方的夏洛，彼此创造了生命中的一种新的可能。这就是蜘蛛夏洛说的，这件事本身就是一件了不起的事。

那一天的读书交流会魏老师也在现场，我请他上台讲了几句。在学生们热烈的掌声中，我说："这是一件了不起的事情。这样的友情不仅有温情，还有力量。谁是我的夏洛，我又可以做谁的夏洛呢？请你们回去再把这个故事静静地读一遍，把这个问号留在心里。"

一颗星的光辉
——《小王子》读书交流会实录

班级：江苏省吴江实验小学六年级（6）班

时间：2014年6月17日

关于《小王子》和作者圣埃克絮佩里

师：今天，我们在这里开读书交流会。听课的不仅有我们六年级（6）班的同学，还有老师和家长，让我们用掌声欢迎他们的到来。这是我们最后一个学期最后一本共读书——《小王子》。（出示图片）这到底是一本怎样的书？我们先来看这样一条信息。

生：（读）自1943年发表以来，《小王子》已被译成100多种文字，全球销量仅次于《圣经》。

师：注意哦，这条信息中的数字告诉我们这本书多么了不起。写这本书的人是一个具有传奇色彩的人，他是法国的作家、飞行员——

生：（齐）圣埃克絮佩里。

师：有的版本也译作圣埃克苏佩里。同学们如果对他的故事感兴趣，可以去读法国作家德瓦利埃写的传记《圣埃克絮佩里：天使与作家》。这节课我们不讨论他的生平，主要交流的是他的作品《小王子》。请大家看投影。（出示图片）现在大家看到的是50元法国法郎的正反面图案，你在图案上看到了什么？

生：它的正面印有圣埃克絮佩里的头像，反面印有小王子图像。（有学生说正面也有小王子图像）

师：再仔细看看，还有什么？谁补充说一下？

生：正面还有蟒蛇吞大象的剖视图。

师：嗯，反面还有作者驾驶的飞机。一个国家的纸币是一个国家的名片，由此可见法国的确是一个浪漫的国家。这究竟是一本怎样的书，它为何会得到这样的殊荣？现在让我们一起走进《小王子》，领略它的魅力。

聊聊小王子：小王子的星球、小王子的星际旅行

师：我们先聊一聊小王子。请闭上眼睛 10 秒钟，想一想小王子的模样，再睁开眼睛，说说你脑海里浮现的小王子的模样。

生：小王子有一头金色的头发。他从不离身的是金色的围巾。他会发出清脆的笑声。

师：嗯。不过，你这么说，大人们并不相信有这么一个小王子，你得告诉他们他从哪里来。

生：B612 小行星。

师：这是怎样的一颗行星呢？老师把书中关于小王子的星球的画面挑了出来，请大家看投影。（出示图片）看到这些画面，你想起了书中哪些关于小王子和他的星球的描述？

生：小王子的星球上有一朵玫瑰花，他每天早上给它浇水，有时候还会给它罩罩子。玫瑰花身上有四根刺，它很天真，觉得有了四根刺就可以保护自己。但是有时，这颗星球上也会有危险，后来还出现了猴面包树。猴面包树会侵占星球，而且很难清除。

师：是的，因为小王子的星球实在太小了，所以让猴面包树长出来是件可怕的事情。

生：他的星球上有三座火山，其中两座是活火山，小王子用它来热早餐；一座死火山，小王子每天都要去疏通它，让它缓缓地均匀地燃烧，就不会突然喷发了。

师：刚才同学说到了小王子的星球上有一朵玫瑰花，是不是？小王子想跟它好，又跟它处不好，闹了别扭，就离开了他的星球，开始了他的星际旅行。在星际旅行的过程中，小王子遇到了哪些大人？这些大人有哪些地方让他觉得奇怪、不可理解？好，让我们看着图片，接力说一说小王子的星际旅行。（相继出示小王子遇到的各个星球上的大人，学生说出这些大人的奇怪之处，略）

理解 "驯养"：狐狸说的 "驯养"、"我的驯养"

师：幸好，小王子没有在地球上遇到这么多奇奇怪怪的大人，而是遇到了一只狐狸。狐狸告诉他什么是驯养。按照狐狸的说法，什么是 "驯养"？

生：驯养就是建立友谊。

师：书上说的不是友谊，而是——

生：（齐）建立感情联系。

师：是的，这是翻译作品，译者说他在中文里找不到一个适当的词去表达这种关系，最后还是选定了 "驯养" 这个词，意思是建立感情联系。那么在狐狸看来，怎样才算驯养呢？驯养需要哪些条件呢？请你打开讲 "驯养" 的这一章。（*生翻书，师出示句子，并指名朗读*）

> 你对我来说，只不过是个小男孩，跟成千上万别的小男孩毫无两样。我不需要你。你也不需要我。我对你来说，也只不过是个狐狸，跟成千上万别的狐狸毫无两样。但是，你要是驯养了我，我俩就彼此需要对方了。你对我来说是世界上独一无二的。我对你来说，也是世界上独一无二的……①

师：在这段话里，狐狸说驯养的首要条件是什么？

生：彼此需要。

师：对。如果你不需要我，我也不需要你，那就根本谈不上感情联系了，对不对？这段话讲到了驯养之后彼此对对方来说都是独一无二的。怎样理解这个 "独一无二" 呢？

生：你如果没有驯养对方，不去了解对方，你看对方跟其他同类都是一样的；驯养之后呢，因为你了解了对方，懂得了对方，所以对方就是独一无二的了，世界上没有比这更重要的了。

师：说得很好。狐狸在接下来说的一段话中，对 "独一无二" 又做出了

---

① 圣埃克絮佩里.小王子 [M].周克希，译.上海：上海译文出版社，2012：116.

新的解释。（出示句段，指名朗读）

要是你驯养我，我的生活就会变得充满阳光。我会辨认出一种和其他人都不同的脚步声。听见别的脚步声，我会往地底下钻，而你的脚步声，会像音乐一样，把我召唤出到洞外。还有，你看！你看到那边的麦田了吗？我是不吃面包的。麦子对我来说毫无用处。我对麦田无动于衷。可悲就可悲在这儿！而你的头发是金黄色的。所以，一旦你驯养了我，事情就变得美妙了。金黄色的麦子，会让我想起你。我会喜爱风儿吹拂麦浪的声音……①

师：狐狸说，驯养之后会变得怎样的"独一无二"呢？

生：别人的脚步声会让狐狸往地底下钻，而小王子的脚步声是独一无二的，会像音乐一样把狐狸召唤出洞。

生：还有，小王子的头发是金黄色的，驯养之后狐狸会喜欢看金黄色的麦子，因为金黄的麦子会让狐狸想起小王子。

师：这实在是美妙的"独一无二"。我有一个外地的好朋友曾经跟我说，有一天，她看到一辆大巴车上写着"吴江旅游"，觉得莫名亲切，因为吴江城里住着我。我听了觉得特别温暖。中国成语中有一个成语叫"爱屋——"

生：（齐）及乌。

师：对，"爱屋及乌"说的就是中国版本的驯养啦！我前两天批你们写的随笔的时候，看到了这样一段文字，跟大家分享一下。（投影出示）

你喜欢叫我老钱，说真的，我并不喜欢老钱这样的叫法——女孩子被别人叫老×，总是让人觉得很难听。但不知道为什么，你叫我老钱，我不会生气，只是乐呵呵地答应……长大以后，看着你的那一页同学录，回忆起现在的种种，我不知道会哭还是会笑，我只知道，有你在的地方，便是最美的天堂。

师：这篇随笔是钱予淳同学写的，我想请她来读给大家听一听。

---

① 圣埃克絮佩里.小王子 [M] .周克希，译.上海：上海译文出版社，2012：117.

（生朗读后，全体鼓掌）

师：看到这段话，我想起了小王子的驯养。我们班很多同学有绰号吧，我们有的同学也不计较同学叫他绰号。路睿其，你是不是这样啊？

（生齐笑）

师：路睿其我们都叫他"69"。6月9日那天，有不少同学在"每日一记"里写："今天是69节，是路睿其的节日。"路睿其，你为什么会不计较啊？

路睿其：习惯了。（生笑）

师：你说习惯了，但要是一个陌生的人喊你69，你恐怕会有点儿不舒服吧？

路睿其：不舒服。

师：你不计较，是因为你和班里的这帮家伙天天厮守在一起，你们之间有感情联系。所以说，孩子们，老师不是说不能叫绰号，关键是叫谁的绰号，在什么时候叫绰号。注意哦，当你们的感情联系还没有建立的时候，千万不要随便乱叫。刚才我们交流了驯养的条件——（生：彼此需要。）驯养还需要什么条件呢？

生：要有耐心。

（师出示句段，指名朗读）

"应当很有耐心。"狐狸回答说，"你先坐在草地上，离我稍远一些，就像这样。我从眼角里瞅你，而你什么也别说。语言是误解的根源。不过，每天你都可以坐得离我稍稍近一些。"①

师：这个"很有耐心"意味着什么？

生：驯养是需要很长时间的。

师：对，是需要你耗费时间的，是需要一个长长的过程的。一点儿一点儿地靠近，这是一个过程。在这段话里还有一句话特别有意思，你们把它读出来，好吧。

---

① 圣埃克絮佩里.小王子 [M].周克希，译.上海：上海译文出版社，2012：118.

生：（齐）"语言是误解的根源。"

师：这句话是什么意思啊？（生不语）它实际上是说人与人的靠近，不是靠嘴，而是靠什么？靠心灵感受，一点儿一点儿用心灵去靠近。关于心灵的感受，我想到了另一份作业。（出示投影）

这是一种习惯，就像在课堂上发生好笑的事情，我都会习惯性地转向你，准确无误地和你对上目光，然后相视一笑。

师：庄雨静，你来当众"告白"一下吧。（生朗读）

师：有个成语说的就是这种级别的"驯养"，它叫"心有——"

生：（齐）灵犀。

师：对，心有灵犀，这是很高级别的"驯养"。我记得有一天，我说："我喜欢在讲一件事情的时候，有人在下面用目光接应我，而且还点头。谢诚同学就像小鸡啄米一样不停地点头。"你们想起来了吗？（生笑）此外，狐狸还讲到了"驯养"需要什么啊？

生：需要仪式。

师："仪式"是什么呢？关于仪式这件事，狐狸说很多人已经忘记了。什么是仪式呢？（出示句段，指名朗读）

就是定下一个日子，使它不同于其他的日子，定下一个时间，使它不同于其他的时间。①

师：怎样理解仪式呢？比如说，在你很小的时候，每当你要睡觉了，妈妈就开始讲睡前故事了，家里有这样的睡前仪式吗？（生摇头）

师：再比如说你每天 7 点半上床，你妈妈每天在你睡前必讲故事。然后呢，每当晚上 7 点来临时，你就会想："要上床啦，今天妈妈会讲什么故事呢？"这就是"驯养"。孩子们，你们将来做爸爸妈妈的时候，可以用这样的仪式去"驯养"你的宝宝哦！（小结"驯养"的条件：彼此需要、很有耐心、有个仪式）

---

① 圣埃克絮佩里.小王子 [M].周克希，译.上海：上海译文出版社，2012：120.

师：这是狐狸说的"驯养"，那么，我们同学的"驯养"呢？聊聊"我的驯养"吧。教室窗台上这一株长得像迮何同学一样高高瘦瘦的向日葵，是谁"驯养"的呀？

生：（齐）杨凌宇。

师：（出示杨凌宇照片）老师为什么没说是杨凌宇种植的，而说是杨凌宇"驯养"的？杨凌宇，你来说说吧。（杨凌宇无语）原来杨凌宇深谙"语言是误解的根源"，所以，大家就心领神会吧。（生笑）你们知道吗？杨凌宇的"每日一记"大多在记录向日葵。我记得有一个周末，天气比较热。来，杨凌宇，你来说——

生：我的向日葵都蔫掉了。然后我给它浇水，希望它能起死回生。连着浇了几天后，向日葵又活过来了。

师：嗯，你一般什么时候给向日葵浇水？

生：每天放学之前。

师：没有忘记过吧，这就是驯养的"仪式"。别的同学来谈谈你的"驯养"吧。

生：我被篮球"驯养"了。打篮球要耗费时间，我很舍得在这上面花时间。无聊的时候，我一打篮球就来劲儿了，所以我需要它。

生：我和陈懿嘉是相互"驯养"的。五年级的暑假，我们一起去泰国玩。我们一起吃，一起玩，一起上厕所。（生笑）

师：说得太有意思了。我记得有一天，陈懿嘉缺课了，你那天的"每日一记"写得特别动情。

生：我当时就觉得这个位置上空落落的，都不知道该干什么。

师：你和陈懿嘉同学的确是"彼此需要"。前几天，我给大家布置的练习里要同学们写临别赠言，陈懿嘉同学是这么写给你的——（出示赠言卡）

两个人一起久了，会变得更乐观；

两个人一起久了，会变得更理性；

两个人一起久了，会变得更体贴；

两个人一起久了，会变得更积极；

两个人一起久了……是会上瘾的。

师：你们在这张赠言卡上，看到狐狸所说的"我的生活就会变得充满阳光"了吗？

生：看到了，她说她们都变得"更乐观""更理性""更体贴"……

师：多好的"驯养"啊，彼此都朝着更好的方向发展。你看到她们之间"彼此需要"了吗？

生：她一直在说"两个人一起久了"。

师：嗯，最后一句写得特别有意思，她说"是会上瘾的"。所谓"上瘾"，就是我离不开你，你离不开我，我们彼此需要。

生：我被舞蹈"驯养"了。每次听到音乐，我就很兴奋。我还知道伦巴舞的音乐和恰恰舞的音乐，知道要跳几拍。

师：你从什么时候开始学舞蹈的？

生：大概一年级吧。

师：哦，那有五年了，一点点儿靠近，一点点儿了解，一点点儿喜欢舞蹈，对不对？再请大家看屏幕上的漫画。（出示漫画）

师：这是谁画的啊？（生：魏旖云。）看起来，魏旖云热爱漫画在我们班是人人皆知了。魏旖云，你这么精细地完成一幅漫画需要多长时间？

生：好几个小时吧。我喜欢看漫画，我妈一看到我看漫画，就会威胁我，说要没收。不过，现在我家里像这样的漫画大概有一百多幅了。

师：一百多幅，你都可以开一个漫画展了哦！从你的漫画里我看到了你的耐心和细心。

生：我被"河南""驯养"了。

师：此话怎讲？你在吴江啊。

生：前几年，我爸爸跟我讲，我们的老家在河南。然后我就开始留意关于河南的信息，在网上搜老家的情况。我特别想知道我老家的样子，今年暑假我要我爸带我回老家。

师：嗯，男子汉有点儿哽咽了。非常好，这就是不忘自己的根。

生：一个人总得"驯养"点儿什么，或者被什么"驯养"过才好。我嘛，说起来有点儿矫情，我是被六年级（6）班"驯养"了。每当广播里播报优胜班级的时候，听到"六年级（6）班"，我会连血液都流得快一些的。这么多人和我一起相处了五年甚至六年，我为他们耗掉我的时间，使他们在我的心中变得如此重要。然而离别的时刻就要近了，狐狸说，恐怕要吃些苦头了。

师：说得多好！我们即将告别母校和同学，在"每日一记"里，我一次次读到你们的期待——时光不老，我们不散。当然，形式上的"不散"是不可能的，但是我们的心可以在一起。我想：我也被你们这个六年级（6）班"驯养"了。在没有教你们之前，我跟全校一百多个教师一样，你们不需要我。同样，你们对我而言，和全校一千多个学生没什么两样。但是，现在不一样了。三年了，一千多个日子，就这样一点儿一点儿地靠近你们。正是因为我为你们耗费了时间，才使得你们在我心中变得如此重要，甚至听不得任课老师说你们的不好。你们中的每一个人，对我而言，都是一颗星星。那些星星会笑，会哭，会叫 69……除了人与人之间的驯养，我们还应该看到另一种形式的"驯养"——为我们所热爱的事物（知识、兴趣、真理）的"驯养"。（出示"孔子闻韶处"照片）谁能说说这个故事？

生：这个故事讲的是孔子听到了"韶"这种音乐，痴迷于它，三个月不知道他喜欢的肉的滋味。

师：是的，"衣带渐宽终不悔，为伊消得人憔悴"。这就是愿意为自己所热爱的、所追求的事物付出。聊了这么多，最后，让我们再来回味书中的经典语段。（生读，略）

师：孩子们，读了《小王子》以后，你所看到的星星定然与没有读过《小王子》的人看到的星星有所不同。今天的读书交流会就到这里，我提议，再次把掌声送给听课的老师和家长们。你们的父母都很忙，但他们愿意赶到这里听这节课，不是因为我讲得好，而是因为——你们在这里。他们深刻地懂得，"正是我为我的玫瑰花费了我的时光，才使我的玫瑰变得如此重要"。现在、将来，我都希望你们能永远记得这一点：最好的礼物就是为你所爱的人或事物花费你的时间。下课。

与儿子一起聆听张老师的课

一个好老师就像一盏明灯，在看似平凡的教书育人的过程中，传授学生知识和真理。好老师，可遇而不可求。何其有幸，我儿子遇到了一位特别优秀的语文老师——张学青老师。

2014年6月17日下午1点，作为学生家长，我有幸受邀与儿子一起聆听了一场读书交流会。

正值初夏，天气有点儿闷热，空气中弥漫着淡淡的栀子花香味。六年的光阴一晃而过，孩子们与老师的离别近在眼前。家长们似乎也因着这离愁别绪，跟孩子们一样听得分外认真。

从介绍《小王子》的作者圣埃克絮佩里开始，张老师开启了一堂生动活泼、富有感染力的课。她精心准备的PPT，风趣、幽默的语言，积极踊跃的师生互动，富有人生哲理的讲解……使得一小时的课显得特别短暂，也让我对张老师的语文课有了一个全新的了解。

讲到小王子在星际旅行中遇到的六个大人时，张老师循循善诱地逐一分析，还以自己为例子，剖析大人们的心理，并做了自我检讨。这让在场的我微微觉得脸红——这是一堂既教育孩子又教育家长的课。

张老师带领学生读《小王子》时，也热情地邀请家长共读。我在读时，对文中"驯养"一词存有疑惑，并没有完全读懂书中的要义。随着张老师一点儿一点儿引导孩子们说出驯养所需要的条件后，我恍然大悟，甚至大为感动。张老师还善于联系。她讲自己的朋友看到大巴车上的"吴江"就会想到她，引用班上钱予淳同学与庄雨静同学的随笔以及杨凌宇同学对向日葵的呵护等一系列生活中的故事，深入浅出地引导学生理解驯养。

真没想到，在阔别小学20多年之后，我再次坐进了教室里。更没想到，在社会上摸爬滚打了这么多年的我，还能以如此宁静、虔诚的心，来聆听一位小学老师的教诲。她说："本质的东西，用眼是看不见的。"她还说："现在、将来，我都希望你们能永远记得这一点：最好的礼物就是为你所爱的人或事物花费你的时间。"

　　本来，这只是个平常的下午，就像生命中很多个平常的下午一样。但因为这一堂课，这个下午又变得不同了。很感谢张老师用她的热情、认真、负责以及广博的知识，陪伴了我儿子三年的时光，教他知识，让他明理。

　　吃晚饭时，我对儿子说："姚致远，我很羡慕你，在小学时能遇到这么好的老师！"

（江苏省吴江农村商业银行　邱　萍）

漫话"西游"
——《西游记》读书交流会手记

[背景介绍]

　　苏教版小学《语文》六年级（下册）选编了《西游记》中《三打白骨精》的故事，之后又在"我读书，我快乐"栏目里安排了阅读《西游记》。虽说孙悟空的故事学生早已耳熟能详，但他们接触《西游记》也仅仅是因为同名电视连续剧的热播。"屏上得来终觉浅，绝知此事还须读。"这是推动学生阅读古典名著《西游记》的契机。教师可以带领学生阅读《西游记》，若觉得阅读原著有困难，也可以阅读专门为小学生改写的《西游记》。

　　我执教的六年级（2）班共有47名学生，购买原著的有34人，购买青少版《西游记》的有13人。一百回的书目，八十几万字，我们用了一个半月的时间全部读完。原著的生僻字比较多，人民文学出版社的版本虽有注音，但对六年级学生来说，这还远远不够。在不影响学生理解故事的前提下，我引导学生不查字典采用跳读、连估带猜、结合上下文理解等方法，理解文字，提升阅读速度。

　　学生通读后，我发了《西游记》读书报告单，请学生完成，其间有小范围内（同桌、前后左右、好朋友之间）的交流。之后，我和学生开了这次《西游记》读书交流会。

[交流过程]

考考谁是"西游通"

　　我在大屏幕上出示了40道题，请学生任选题目回答，答对加10分，答错扣10分。学生答题时，可以选择继续，也可以选择放弃。谁的累计得分最高，谁就是班级里的"西游通"。

这40道题都是学生出的。在《西游记》读书报告单上，我要求每个学生根据《西游记》中的人物、故事、情节等出三道题。我择取其中一题，收入"考考谁是'西游通'"的题库中。

学生为了出题又将书来来回回地翻。他们出的题比较有意思，也有一部分题相当刁钻。

剔除重复的题，以下所列均为学生出的题。

1. 孙悟空的如意金箍棒有多重？（一万三千五百斤）

2. 文殊菩萨的坐骑是什么？（青毛狮子）

3. 孙悟空在菩提祖师处学到了哪些本领？（七十二般变化、筋斗云、长生之道）

4. 花果山水帘洞洞口的那副对联是什么？（花果山福地，水帘洞洞天）

5. "一双眼光如明镜，两道眉艳似红霓。口若血盆，齿排铜板。吼声响震山神怕，行动威风恶鬼慌。"这描写的是哪个人物？（牛魔王）

6. 男儿有泪不轻弹，只是未到伤心时。《西游记》中的孙悟空在什么时候掉过泪？（三打白骨精被唐僧驱逐时，大鹏金翅雕谎称将唐僧吃掉时。）

7. 孙悟空脑后有三根救命毫毛，危急之时，这三根毫毛可以助他消灾，三根救命毫毛是谁所赠？（观音菩萨）

8. "一头红焰发蓬松，两只圆睛亮似灯。不黑不青蓝靛脸，如雷如鼓老龙声。"这描写的是谁的相貌？（沙僧）

9. 《西游记》中有一种果，遇金而落，遇木而枯，遇水而化，遇火而焦，遇土而入。请问这是什么果？（人参果）

10. 请说出唐僧收徒的先后顺序。（孙悟空、猪悟能、沙悟净）

11. "八百流沙界，三千弱水深。鹅毛飘不起，芦花定底沉。"这条河是什么河？（流沙河）

12. 唐僧师徒在车迟国与哪三怪斗法？（虎力大仙、鹿力大仙、羊力大仙）

13. 美猴王大战二郎神，大显七十二变本领。后来他战败被擒，是谁暗中下手？（太上老君将金刚琢扔在猴王头上，猴王因此跌了一跤。）

14. 西梁女国有一条有特异功能的河，叫什么河？（子母河）

15. 阿傩、迦叶向唐僧师徒索要的"人事"是什么？（即索贿，索要财物。）

16. 唐僧师徒西游取经，历经九九八十一难，而灾难簿本上只记录了八十难。请问第八十一难是什么？（通天河老鼋驮渡过河，经书受湿缺损。）

17. "眉如翠羽，肌似羊脂。脸衬桃花瓣，鬓堆金凤丝。秋波湛湛妖娆态，春笋纤纤妖媚姿。"这描写的哪位女子？（女儿国国王）

18. 火焰山之火被何物所灭？（铁扇公主的芭蕉扇）

19. 唐僧师徒在小雷音寺遇到的黄眉老妖最后是由谁收服的？（弥勒佛）

20. 蟠桃园里共有桃树多少棵？（三千六百棵）

…………

[加赛题]

1. "四圣试禅心"中的"四圣"指的是哪四位神仙？（黎山老母、观音菩萨、普贤菩萨、文殊菩萨）

2. 师徒四人取经成功后，分别被封为什么？（唐僧：旃檀功德佛；悟空：斗战胜佛；八戒：净坛使者；沙僧：金身罗汉）

3. 孕育石猴的仙石有多高多圆，上有几窍几孔？（三丈六尺五寸高、二丈四尺围圆、九窍八孔）

4. 唐僧取经耗时多久？（14年）

5. 金角大王、银角大王有五件宝贝，请说出其中的三件。（七星剑、芭蕉扇、幌金绳、红葫芦、玉净瓶）

这样的形式，出什么与答什么并不是最重要的，这个活动的目的实则是教师以活动为载体激发学生再读《西游记》的兴趣，帮助学生进一步熟悉故事中的人物与情节。对《西游记》这样一种故事性读本，初读的时候教师只给学生一个建议：快读，并且要全心全意地读，不答任何问题。快读之后，则需要回顾，以便对故事的整体结构与情节的关联有清晰的印象。对学生来说，这个活动是吸引他们回读《西游记》的有效手段。

在交流的过程中，对出题这个环节，学生极感兴趣，都想寻找能难住同学的问题，但遗憾的是，答题环节未能掀起你争我抢的高潮——没有一个学生能连续答对三道题而继续挑战。

"西游"排行榜

我设计了三个问题，请学生回答。

第一个问题，英雄谱：你觉得《西游记》中谁的法力最高？请排出前三名并说说理由。

说到法力，这是孩子尤其是男孩子最喜欢的。

听听他们的答案：陈希说排在第一名的是孙悟空，因为他有七十二般变化和一个筋斗就翻出十万八千里的法术，十万天兵天将都拿他没有办法；张雨阳马上接口，二郎神和孙悟空并驾齐驱，因为他和孙悟空有一拼；徐能也不服气，说孙悟空的师父更厉害，因为他能教孙悟空这些法术；而刘晴瑜则认为，观音和如来佛祖更厉害，因为孙悟空在斗不过妖怪的时候，很多时候都找观音来助战，帮他扫除西行路上的障碍。至于如来佛祖，大家公认连孙悟空都逃不出他的手掌心，可见他的法力无边。非常有意思的是，学生在交流这些英雄法力的时候，自觉不自觉地会把这些人物与孙悟空做比较。更好玩的是，有学生认为猪八戒也应上榜，说他会水下功夫。真是英雄不问出处，上至如来，下至石猴，都各有各的独门招数。

第二个问题，兵器谱：你觉得《西游记》中谁的兵器或宝贝最厉害？请排出前三名，说说厉害之处。

学生排出来的厉害兵器真可谓琳琅满目：重达一万三千五百斤、可大可小的如意金箍棒；可以把任何一种兵器吸进去的金刚琢；可以救活生灵的玉净瓶；可大可小且可以扇灭八百里火焰山火的芭蕉扇；可以劈开华山的三尖两刃刀；只要叫一声名字，被叫的人若答应了就立刻被吸进去的红葫芦……

神奇的宝贝有神奇的功用。随着学生的交流，我在大屏幕上依次呈现这些兵器、宝贝的名称。其实，这些兵器无所谓"最厉害"，运用得宜都是"最厉害"的。我还给学生布置了再阅读的题:《西游记》中还写到了哪些兵器和宝贝? 若干年后,班上会不会因此出个"话说西游兵器"的同学?

第三个问题,经典战役谱:在《西游记》中哪场战役最精彩?

排名第一的是孙悟空大闹天宫的那场战役,它博得了很多学生的青睐,第二是观音菩萨制服红孩儿的战役。我想,这两场战役中主人公那孩子似的天真、不服输的勇气和过人的胆量,与学生"初生牛犊不怕虎"的心理吻合,其他还有大战狮驼岭、真假美猴王等。

面对大屏幕上呈现的《西游记》中的打斗场面,我进一步引导学生讨论:这些打斗场面为什么精彩? 你能不能发现这些打斗场面的共同之处? 最后学生在交流中获得共识:只有双方实力相当,打斗才好看,假如力量悬殊,战斗还没开始就结束了;双方的宝贝越厉害,打斗就越精彩;一场精彩的打斗,不仅要斗实力,更需要斗智斗勇。

组建你的"西游取经团队"

"假如让你组建你的'西游取经团队',你会选择《西游记》中的哪些人物同往,为什么?"

学生的答案真是五花八门。

第一个发言的是张晟逸,她说:"我要选盘丝洞的七个女妖精,因为她们对人的防备心强,武功也不错。我不要猪八戒那样的好色之徒,也不要人妖不分、只会念经的唐僧。盘丝洞的蜘蛛精是七姐妹,感情很好,又有团队精神,所以让她们去取经一定会很顺利的。"

她的发言引得大家哈哈大笑。我又追问:"但是盘丝洞的女妖精对取经感兴趣吗? 你有把握她们会同意去吗?"她笑着摇摇头,坐下了。

接着发言的是盛权:"我选孙悟空、红孩儿和青牛怪去。因为孙悟空和红孩儿的本事都很大,青牛怪有金刚琢,一路上可以收各种各样的兵器。"

大家又是一阵笑。我也笑了:"原来你想组建一个搞兵器的团队啊!"

张雨阳的取经队伍人数最少:"我选二郎神和孙悟空,因为他们都本领高强。"

"他们的本事的确难分秋色。但你听过'一山不容二虎'吗?"我问。

张雨阳点点头。

"所以我有点儿担心,若是二郎神和孙悟空谁也不买谁的账,你那个取经团队会散伙的。"我笑着说。

戴着眼镜的小姑娘盛韵悦说起来头头是道:"我选择孙悟空、猪八戒和沙僧。我不要唐僧,因为他胆小如鼠,动不动就从马上摔下来,一意孤行,人妖不分,经常被鬼怪迷惑,不长记性。他是一个毫无原则、是非不分、固执己见的人。其他几个嘛,一个英勇无畏,一个淳朴、憨厚,一个忠心耿耿,足够组成取经团队了。"

"很多同学都不要唐僧,因为唐僧没本事,又很胆小,那么唐僧到底有没有法力呢?"我问全班学生,大部分学生摇头。

"再想想:《西游记》中的人物,有哪个像唐僧一样一心想着取经的?"

学生们若有所思。

有学生举手了:"我觉得唐僧取经的意志是最坚定的,不管遇到什么妖魔鬼怪,他都没有动摇过取经的念头。我原来也不想让唐僧去,现在想想,没有他真不行。"

"说得真好。还有比专一和坚持更大的法力吗?无论是艰难险阻还是富贵美色,都没有动摇唐僧取经的决心。他心诚志坚,百折不回。"我接过了学生的话。

细眉细眼的胡洪涛说:"我还是选原来的那些人,因为他们取到了经啊!"

我暗暗为他叫声好,接着追问:"原班人马为什么能取到经呢,他们到底有哪些长处呢?"然后我在大屏幕上打出了崔岱远《看罢西游不成精》一书中的观点:"《西游记》师徒四人组成了一个优秀团队:唐僧是稳健派领导,孙悟空是技术骨干,猪八戒是润滑剂型人士,沙和尚和白龙马是踏实型服务员工——团队所必需的要素都占全了。"①

学生读了一遍,我又说:"我很认同崔岱远的观点。最优秀的人聚在一起,并不一定是一个优秀的团队。一个优秀的团队往往是团队中的每个人都

---

① 崔岱远.看罢西游不成精 [M] .北京:东方出版社,2007:182.

能找到自己的位置，发挥自己的特长。"

写一回属于你的"西游记"

这场读书交流会持续了近 80 分钟。

学生们交流得很兴奋，最后我布置了作业——写一回属于你的"西游记"：想象一下，师徒四人在西行的路上，会遇到什么关口、什么妖怪？妖怪有怎样的法宝和功力？他们又是怎样过关的？看谁想得奇特，写得精彩，再试着给自己的文章取一个回目。

第二天，从学生上交的作业情况来看，有两点让我欣慰：一是学生的语言明显受到了《西游记》语言的影响；二是篇幅都很长，少则两页，多则九页。但遗憾的是，没有写得出类拔萃的，主要原因是学生的想象不够奇特，法宝、关口并没有多少新鲜、刺激的元素，没有我想象中的精彩，这不得不引起教者反思：是谁扼制了他们的想象力？

只是因为停不了

——《馅饼里包了一块天》讲述手记

[故事梗概]

从前，有一对老夫妻住在一个寒冷的国家里。有一天，老太太给老头子做苹果馅饼吃，无意间把一块掉下来的天包进了馅饼里。结果呢，当他们打开烤炉，想要品尝美味的馅饼时，奇迹发生了——馅饼飞出了烤炉，飞上了天。两位老人一路追赶，并带上小猫跳上了馅饼一起飞。馅饼飞呀飞，他们遇到了在飞机里冻得瑟瑟发抖的飞行员、忘记了该怎么飞翔的小鸭子、不记得下山路的山羊，还有想家乡的大象。他们都跳上了馅饼跟着一起飞。最后他们穿过了寒冷的地带，来到了温暖的地方。凉透了的馅饼停留在一片大海上，变成了一座美丽的小岛，他们一起快活地生活在岛上。

[讲述手记]

这是一个英国童话故事，故事的题目叫作"馅饼里包了一块天"。我第一次读到这个故事梗概，是在 2014 年第 5 期的《新教育·读写月报》上。作者对这个故事的介绍只有三言两语，我觉得不过瘾，于是上网搜索，搜到了梅子涵老师主编的书，书名就叫"馅饼里包了一块天"。书里选编了 12 个故事，第一个故事就是同名故事——足以看出这个故事的优秀与分量。这本书2010 年就出版了，我才读到，真是相见恨晚。买到手后先默读，又出声地读，读了好几遍，愈发觉得好。

我第一次把这个童话带到教室，带到学生们面前，是一个特别的日子。那天是毕业考试，那个班级的学生是我从四年级一直带到六年级的。当天中午学生在校用餐。饭后我带着这本书走进教室，喧腾、热闹的教室顿时安静了。

"跟着张老师的三年语文学习时间到今天就要画上一个句号了。这个句号呢，我想用一个故事来帮我画，这个故事叫'馅饼里包了一块天'。"我转身把故事的题目写在黑板上。"当然，它跟今天的考试无关，对应的也不是语文一小块区域。"我的声音不高，但学生有一个好的习惯——一旦我开口说话，他们就会安静下来。

　　我没有安排任何桥段，也没有播放配音与动画视频，就是用我的声音，干干净净地朗读。这个故事足够清浅和简单，尤其是那问答——

　　"老太太、老头儿、××……，
　　干吗坐着苹果馅饼，
　　在高高的天上飘？"
　　老太太答道："不是我们飞，不是我们飘，只是因为停不了。"
　　"能让我上去吗？"
　　"当然可以了。"

　　每次来一个新"乘客"，他们都有这样的问答。我一点儿也不担心这些六年级的学生听着会觉得幼稚，相反，好的故事会把所有的读者带进来。"当然可以。"他们跟着一起喊出来的时候，我能感觉到他们的快乐。

　　循着故事的节奏，有几个地方我是让学生猜的："老太太往窗外一看，灰蒙蒙的天空中雪片急匆匆地往地上落着。她又接着擀面，可你猜猜发生了什么——"

　　"当老太太打开炉门的时候，你猜怎么着——"

　　"这时，馅饼已经凉透了，你猜发生了什么——"

　　十几分钟后故事讲完了。我说："三年啦，我这个老太太也给你们做了好些苹果馅饼。真希望这些苹果馅饼也包了一块天，能带着你们飞啊。今天这个故事就算是最后一个苹果馅饼吧。下课啦，孩子们。"我说这番话的时候，很想接住每个孩子投过来的眼神。

　　教室里又恢复了喧腾和热闹。我转身走出教室，走一段路后，发觉身后有学生跟着，跟他们聊了一阵儿后，一个女生说："老师，你的苹果馅饼里包着天，我知道的。"

其实，对我来说，学生知不知道已不重要了，重要的是，我把这个故事带到学生面前。这个优秀的童话充满了哲学意味。在成长的路上，我们难免有时会是机油燃尽的飞行员、忘记飞翔的鸭子或者迷了路的山羊，那时我们真的需要包了一块天的馅饼，带着我们飞到新的美丽小岛。这层意思当然不必强求学生现在就懂，当他长大的时候，也许那个馅饼里的一块天，就会显现出它的开阔。

2014 年冬天，我的工作室和周益民老师的工作室联合组织了一次童话教学的专题研究活动——"冬天里的童话"。我推荐工作室的卢老师给二年级的孩子讲了这个故事。她从儿童立场出发，将"游戏精神"贯穿于故事教学中。她设计了一个环节，让孩子们通过抓阄来玩一玩角色扮演，孩子们需要"馅饼票"才能上馅饼，而所谓的"馅饼票"，就是关于馅饼的有趣问答。在这样的游戏中，孩子们的身心得到了极大的满足。我给三年级的孩子也讲过这个故事，还让他们把故事再讲给家长听，请家长写下他们的感受。丁鑫智同学的家长觉得这个故事太有想象力了；殷钰彤同学的家长觉得干一件事有一些小插曲，结果也许会出乎意料的美好；夏彬哲同学的家长觉得一个馅饼心中有一块天就能飞到想去的地方，如果一个人心中有一块天的话，就会有属于自己的美丽小岛。

有一次，我给在职的语文老师做培训时讲述了这个故事。我说："老师们，你每天也在给孩子们做苹果馅饼，你的饼是不是又香又甜又热乎？如果你希望拥有这样一张能带着大家一起飞的馅饼，你千万记得，在做馅饼的时候，要抬头看看天——不是这样吗？老太太如果不抬头看的话，馅饼里才不会包一块天呢！"

我一次次地给学生、老师讲述这个故事——"不是我们飞，不是我们飘，只是因为停不了。"

第三辑

小说：在另一度空间

使看不见的被看见

某作家有一次做演讲时，谈到了文学的意义。她说，为什么需要文学？了解文学，接近文学，对我们形成价值判断有什么关系？如果说，文学有一百种所谓"功能"，而她必须选择一种最重要的，她的答案是：德文有一个很精确的说法，macht sichtbar，意思是"使看不见的东西被看见"。

"使看不见的东西被看见"，我很认同她这种观点。了解文学、接近文学对我们形成价值判断具有相当重要的意义。我一直觉得小说在这方面具有无可替代的作用。沈从文的小说《萧萧》，讲述了一个 12 岁的女孩儿萧萧和一个不满 3 岁的小男孩儿成亲，这个不哭的童养媳像蓖麻一样生长的故事。我们试想：如果我们就是村子里的人，看见的是什么？理解的是什么？我们看见的不过是一个童养媳萧萧，但借助作者的眼光，我们不仅看见了农村残存的陋习和愚昧，看见愚昧中人的生存状态和无可改变的悲哀，也看见了在贫穷与粗鄙下，一个人自然自在的生命意识。这样的"看见"，无疑能让我们更好地理解人性，理解人生。

一种千真万确的经验

对于小说，尤其是中长篇小说，成年以后很多不以文学为专业的人基本上都会说，读不动了。言下之意是没有时间也没有精力再读了。应该有闲暇可以读小说的黄金岁月，正是孩子拥有了阅读力到成年前的一段日子，这段日子也是他们在校学习的大好时光。

然而，教科书以及课外辅导班绑架了孩子的课余时间。清醒的老师和家长应该知道，必须捍卫孩子们的课余时间，给他们阅读的时间和空间。自称"专业读者"的唐诺先生提醒我们，学校的教科书，保守性和安全性几乎是它的宿命，它是在同一年纪不同状态的小孩儿中，勉强寻出的一个最基本的公约数。这个宿命，让它几乎把所有精彩的、有独特个性的、富有想象力的或者说带着争议的美丽的东西给排除了。这是教科书的基本限制，因此我们没有理由不支持孩子去寻觅更有个性的更美丽的东西，比如优秀的小说。

一个人尤其是一个孩子的生活经历和经验总是有限的。我们本能地希望自己能在一个更为广阔的世界里体验不同的人生。小说可以把人带到遥远的地方，去经历未曾经历过的事情，去感受完全不一样的人生。我们终其一生可能都不会有到一个荒岛上生活28年的经历，然而《鲁滨逊漂流记》中鲁滨逊的生存勇气与智慧，无疑会给学生带来启发。当困境来临时，也许书中的情境就会浮现在他们的脑海里，从而帮助他们思考出解决问题的策略。我们也许像旺达一样生活在一个不被人"看见"的贫穷家庭里，《一百条裙子》会告诉我们，如何以自己的方式画出心中的热望，去拥有诗和远方。

教师让孩子阅读小说就是让孩子看到各种各样的人生，从主人公的身上获得启迪，发展出间接经验。从某种程度上讲，这样的阅读和体验是一种人生的"预演"。

优秀的小说里一定有教育学

在抽象概念统治的世界里，人很难再认识一个具象、完整的人。人可能只是某个劳动力、某个统计数字的尾数、某个号码或者某个信箱的代码。斯大林有句名言，说出了这个事实：一个人的死亡是悲剧，一百万人的死亡就是统计数字。文学尤其是小说是如何处理一百人甚至一千万人的死亡的呢？我们来看看莫波格的小说《战马》，他只写了与一匹马相关的、具体的、独特的、有来龙去脉的人，于是我们就有了凝视的能力。这就是小说的贴地之处，它保留了生命的原生态，让读者得以与作者交换感受。

我带孩子们阅读曹文轩的《草房子》，既讨论草房子里的浪漫与纯真，也讨论草房子里的苦难。对一个话题的讨论让我印象深刻："如果要评选油麻地小学的好孩子，你打算把奖状颁给谁？为你心目中的优秀男孩儿、女孩儿写一份颁奖词。"我浏览学生们写的阅读单，看到《草房子》里的所有孩子都有学生给他写颁奖词，其中有一份给陆鹤的颁奖词是这样写的：

陆鹤，你的秃顶是上苍用来磨炼你意志的。你勇敢、坚强，对强加在你身上的不公正待遇，大胆地说了"不"。你用行动捍卫了自己的尊严，你充满勇气的灵魂鼓舞了我。

——沈采奕奕

我读到这样的颁奖词时，心中是很感动的。如果我有足够的心理学知识储备的话，我大概可以研究一下学生们是给谁写的颁奖词，为什么要给他写——学生很可能是在那个孩子身上看到了曾经的、现在的或者想要的自己。

小说《马提与祖父》写的是生命的告别与离开：爷爷快去世了，所有人都站在他的床边哀痛地等候最后时刻，这是这本书要写的故事；最后爷爷真的去世了，这是故事的结尾。作者写了一个爷爷快要去世了，而另一个爷爷却说这是个玩笑，满心欢喜地带着马提去散步、玩耍。在这个过程中，爷爷越变越小，然后看不见了。马提重重一吸，感觉有什么东西被他吸进了心里。

我带学生读这本书，讨论到作者的才华时，小陈姑娘的发言让我心头一震。先前我既不知道小陈姑娘的奶奶刚去世不久，也不知道她心里有一段无法宣泄的哀伤。我不记得她的原话，但我记得她挂着泪的笑容。她发言的大意是她理解作者，她奶奶也没有死，她奶奶也像薄荷糖的香气一样，被她吸进了身体，住在她的心里了。我忍不住感慨："我的祖父母其实从来没有离开过我，他们在我的心里，也流淌在我的血液里——今天，我说话的语气、手势，也许是祖父说话的样子；我喜欢用的那种眼神，也许是祖母曾有的样子。这本书的封面上是怒放的向日葵，在文学空间里，我们有了面对死亡的勇气和豁达。"

我曾带学生读过《特别的女生萨哈拉：一个孩子的特别成长经历》，看一个孤独的女孩儿如何激发自身潜藏的力量；我也带学校里的老师共读过这本小说，看萨哈拉的老师波迪小姐如何跟孩子一起定班规，怎样用她的"烦恼收集器"，怎样跟特殊男生德里较量，怎样安排她的特殊课程表……波迪小姐让我们愉快地看到了她的做法。不少老师读过小说后都有试着去改变自己的想法。所以，好的小说里一定有哲学和教育学。我们阅读这样的小说，有助于完成自我教育，发现和创造出我们想要的自己。

光是这样进来的

人生中有太多麻烦和问题，事实上，我们能感受的麻烦和问题远远超过我们能思考的和我们能讲出来的。

一个小说家最擅长的莫过于把麻烦和问题编织成故事，让读者去感受，去领悟，去审慎取舍。

我带学生读小说会安排一个环节——设置思辨性的话题，跟学生一起讨论小说家悬置的道德评判。记得教六年级学生学维克多·雨果的《"诺曼底"号遇难记》时，我和学生讨论了这样几个话题：

遇险时，船上的乘客乱成一片，是否应该被谴责？

"哪个男人胆敢抢在女人前面，你就开枪打死他。"船长的这道命令合乎情理吗？

假如船长不与船一同沉入大海，他还是英雄吗？

三个话题犹如三块石子，投进那些"小大人"的心池，激起了思维的涟漪。学生从自身角度出发，认为在"诺曼底"号被撞的瞬间，人的大脑和内心发生剧烈摇晃，从而在行为上失去常态，是完全可以理解的。"或许我跟他们是一样的"，他们认识到了人性中的幽暗时刻，但能够理解不等于肯定，更不值得赞扬和提倡。在随后的讨论中，他们认识到如果以自己的生命为重而扰乱了抢险的秩序，致使更多人不能脱险，这种行为是必须要受到谴责甚至要承担责任的。对船长开枪的命令，一开始，有少数男生愤愤不平，表示船长的命令不合情理：男人的命也是命。但很快有反驳的意见出现，有学生表示在这种情况下，男人的心理素质相对会好一些，让女人、小孩儿走在前面，可以避免出现更多惊慌场面。我适时发言，补充了丛林法则与文明法则的区别。在经历这样的大灾难时，能为救出更多的人而不顾自身安危甚至献出自己生命的人，我们永远要致以崇高的敬意。他们是我们的"镜子"，让我们的灵魂在幽暗的时刻不至于被腐蚀。这场讨论给学生留下了深刻的印象，有学生闪闪发光的眼神为证，也有学生课后的回忆作文为证。

对林海音的自传体小说《城南旧事》，我的教学重点并不在于作者描写童年的天真和欢畅，而在于她以童眼看成人世界的困惑并由此来描写英子的成长。我给学生安排了这样的讨论话题：秀贞到底疯不疯？藏在茅草堆里的青年是坏人吗？宋妈爱不爱她的小栓子和小丫头片子？

其中，对第二个话题的讨论最有意思。有孩子特别有正义感，认为藏在茅草堆里的青年是坏人，因为他毕竟偷过东西，不劳而获的小偷是要被抓起来的；有孩子则认为他是好人，因为他没有将偷东西的钱用于自己吃喝玩乐，而是用来供弟弟读书，他是迫不得已才这样做的，他还送了英子东西。有孩子马上反驳，送了东西就可以被原谅，这样做太没有原则。也有孩子附和，青年为供弟弟上学，应该靠劳动去挣钱，不应该去偷东西。有孩子补充青年不是坏人的理由，说他被英子发现了藏赃的地方，却没有对英子下毒手，而是跟英子像朋友一样聊天，跟英子讲他弟弟的故事，和蔼可亲。更好玩的是一个嘴唇厚厚的男生站起来说："书中的李伯伯说了，嘴唇厚墩墩的都是老实人，这个青年的嘴唇厚墩墩的，所以他应该是个老实人。"大家都笑了。有孩子说，这个青年小时候没好好念书，贪玩，所以长大了没有好工作，只能去偷，所以我们要从小念好书。

我感慨孩子们在具体的故事情境里发展出来的道德评判能力。我对他们说："这个问题很复杂，在兵荒马乱的年代里，老百姓没有过上好的生活，不仅仅是没读好书这么简单，有时候生活不是自己可以安排的。将来等你长大了，再回头读这本书，你也许还会有新的认识。但是，有一点非常可喜，同学们知道了，生活中的好人和坏人并不像舞台上的人物那样忠奸分明，就像海与天交织在一起的时候，我们会分不清哪里是天哪里是海一样。当你认识到一个人不能简单地分成好人或者坏人的时候，你就渐渐地长大了。"

我还带六年级学生读过梅子涵先生写的小说《麻雀》和《押送》，两篇小说都是讲在那个特殊年代里人的疯狂。有人认为学生讨论这样的问题，难度系数9.9，然而，依附了小说这种文体，我聚焦"疯子"引发学生思考与讨论：人们为什么要做出这样的事？这个过程中有哪些不可思议的地方？这些事可能会产生怎样的结果？学生通过文本对"疯子"的疯狂举动做出自己的思考：不可理解的"疯狂"、可以理解的"疯狂"、如何才能不"疯狂"……这样的主题聚焦给学生带来的思考和震撼，是不言而喻的。

好的小说可以让读者变得态度更加谦卑，对人性理解更深刻，对整个人类都会产生悲悯之情。这样的小读者长大以后也更睿智。硅谷的风险资本家莫里兹就是一例，他在牛津大学读的是文学，他投资时关心的不仅是前沿技术或市场预测，更关心公司的创始人是什么样的。

小说家的叙事能力

语文老师常常思考读写结合的问题：阅读小说对学生的写作有帮助吗？

毫无疑问，叙事能力是学生写作能力的基础，尤其是小学生。而小说家的叙述能力不能说不是高超的。博尔赫斯说过，所有的作家都在一遍又一遍地写着同一本书。那么，小说家凭什么来吸引读者，他折磨读者的秘密又在哪里呢？

深厚的讲故事的功力。带学生读小说《半截蜡烛》时，我的侧重点并不在于伯诺德夫人一家的机智勇敢（关于这一点，六年级学生完全能读懂），而是从一个好故事如何诞生的角度去解读：怎样设计一波三折的故事情节、主角有哪些令人难忘的细节、故事是怎样渲染氛围折磨读者的、结尾为什么要戛然而止？阅读小说《爱之链》，我让学生找出小说叙事角度是如何巧妙转换的，让学生领悟作者将故事写得吸引人的秘诀。

几乎每篇经典小说，它的写作方法都是值得研磨的，像《百年孤独》的开场、《红玫瑰与白玫瑰》里人物的内心景观……有些人难免不服气：为什么中国小说那么少？不要不服气，中文有其独特的优势，中文作品适宜抒情与诵读，但往往拙于叙述和说理，我认为要学习小说的叙事技巧，还得多看看外国优秀小说。

诠释"英雄"
——《"诺曼底"号遇难记》教学实录

班级：四川省成都市金牛区七中八一学校五年级

时间：2015 年 11 月 22 日

［教学实录］

猛撞：梳理原因

师：今天，我们学习法国著名作家雨果的短篇小说《"诺曼底"号遇难记》。（板书：小说）这篇小说是雨果根据一起沉船事件创作而成的。题目告诉我们是"诺曼底"号遇难，它为什么会遇难呢？因为它跟"玛丽"号猛撞。（板书：猛撞）我们读一部小说，首先要了解小说叙述的事件是怎么引发的。这篇小说里"诺曼底"号和"玛丽"号为什么会猛撞呢？引发这个事件的原因有哪些？（板书：起因）打开课本读第 1—9 自然段，请在跟"起因"有关的词句下做个标记。（生浏览、做标记，师巡视）

师：同学们是不是发现引发这起撞船事件的原因不止一个？

生：是的。

师：当你发现原因不止一个的时候，要学会梳理。今天，老师教大家用一种鱼骨图把你找到的所有原因做归纳整理。（板书：鱼骨图，出示鱼骨图，如右图）

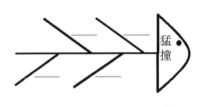

师：现在你看到的鱼头部分是事情的结果——猛撞。细密的鱼骨就是请你梳理原因，摘抄关键的字词写在横线上。（下发阅读单，生阅读填写，师巡视。两分钟后，师要求生伸出手指示意自己找到了几处原因）

师：先请找到两处原因的同学交流。

生：第一个原因是"玛丽"号行驶速度特别快，负重特别大；第二个原因是雾很大又很浓。

师：刚才她说的第一句话包括两个原因——"玛丽"号行驶速度快，负重大。课文中说"玛丽"号"全速前进"。她还讲到雾大，课文中是怎么描写的？

生："雾愈来愈浓了。"

师：之前还有一句？

生："大雾弥漫。"

师：非常好，还有什么原因？

生：我还找到了"周围一片漆黑"。

师：那是说——

生：凌晨四点钟的时候，周围很黑，人们看不清眼前的东西。

师：对！这起撞船事件发生在大约凌晨四点钟，所谓"黎明前的黑暗"。刚才这些原因该怎样归纳呢？（**出示投影，指导归类**）

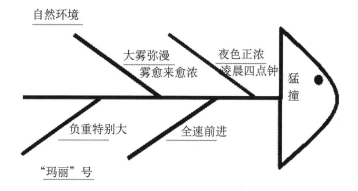

师：这就是有序的梳理。从这张鱼骨图中我们可以看出，这次海难和哈尔威船长有关系吗？

生：（齐）没有。

师：也就是说，不管哈尔威船长如何小心翼翼驾驶船，这场海难都无法避免。在这样的状况下，"诺曼底"号和"玛丽"号相撞了。猛撞之后甲板上是怎样的情形呢？谁来念这一段？（**出示投影，指名朗读**）

生："一刹那间，男人、女人、小孩，所有的人都奔到甲板上，人们半裸着身子，奔跑着，尖叫着，哭泣着，惊恐万状，一片混乱。"

师：这段文字描述的是两船相撞之后"诺曼底"号甲板上人们的表现，你觉得可笑吗？

生：我觉得不可笑，他们因为受到很大的惊吓才做出种种难堪的行为。

生：我觉得一点儿都不可笑，因为这是一场灾难。

师：这是甲板上的人们在船经过剧烈碰撞之后，所表现出来的对死的恐惧和对生的渴望。假如你是其中的一员，可能也会是那样的。这就是所谓的"人之常情"。

救援：讨论"命令"

师：然而就在这样一个背景下，我们的英雄人物挺身而出了。（板书：人物 哈尔威船长）在慌乱和危急之中，哈尔威船长是怎么指挥大家脱险的？阅读课文第10—45自然段，看看在这个救援过程中船长发布了几次命令，每次都要求大家怎么做？请在文中用下划线标出。（生默读，师巡视，提醒学生注意是船长发令部分，即要求别人做什么。两分钟后，生伸出手指示意，反馈找到了几处命令）

师：请你先说，第一处在哪里？

生："全体安静，注意听命令！把救生艇放下去。妇女先走，其他乘客跟上，船员断后。必须把六十人救出去！"

师：接力读第二处发令。

生："让每个人都下到小艇上去。""哪个男人胆敢抢在女人前面，你就开枪打死他。"

师：继续接力——

生："'把克莱芒救出去！'克莱芒是见习水手，还不过是个孩子。"

师：这两句都是命令吗？哪句是命令？

生："把克莱芒救出去！"

师：好，到现在为止，我们已经找到了4处，可有人补充？

生：我觉得第44自然段还有个"快干！"也是船长的命令。

师：非常好。这样总共是5次命令。船长的这些命令有让你不理解的地

方吗？请在小组里讨论。（生讨论交流，师巡视）

师：刚才我听到同学们在小组里说出了自己的看法。船长哈尔威发布的五次命令，现在都呈现在大屏幕上了，说说让你感到敬佩或者不解的地方。

生：我觉得哈尔威船长在灾难前面镇定自若，考虑到了每个人的情况。

师：请你具体说说，具体到哪一道命令，哪一句话。

生："哈尔威船长，站在指挥台上，大声吼喝：'全体安静，注意听命令！把救生艇放下去。妇女先走，其他乘客跟上，船员断后。必须把六十人救出去！'"他不仅把每个人都考虑到了，而且在灾难面前镇定自若。

师：这段话一共有几句？

生：总共说了四句话。

师：你何以从这四句话中看出他的镇定？（板书：镇定）

生：我是从"全体安静，注意听命令"体会到的。

师：船长为什么先要这么说？

生：如果不这么说，大家都会惊慌失措的。

师：因为当时甲板上一片混乱，人们不安静下来，就听不到船长的命令，所以必须先让大家静下来。那第二句呢？

生：发出命令："把救生艇放下去。"

师：对！逃生嘛，放救生艇，这是第二步。

生："妇女先走，其他乘客跟上，船员断后。"

师：这是安排人们上救生艇的顺序。最后一句话？

生："必须把六十人救出去！"

师：非常镇定。你除了看到船长的镇定之外，还看到了什么？

生：我还看到他把每个人都考虑到了。

师：对船长的这道命令，其他同学还有什么想说的？

生：我感觉船长的头脑非常冷静，既能清晰地下达这些命令，又能把船上所有人都安排好，我很佩服船长。

师：说得很好。同样的意思，如果船长这么讲好不好："喂喂，大家不要吵了好不好？这么吵听不到我讲话的，我来告诉你们怎么逃生好不好？大副，救生艇在不在？够不够啊？对了，走的时候，要有个先后顺序。谁先走呢？当然是妇女。其他乘客等妇女走了再走。船员嘛，只能最后走。我们总共有六十个人，我努力想办法让你们都能脱险。"感受一下，区别在哪里？

生：我认为如果船长这样讲话，乘客和船员都不会信任他，因为他说这些话的时候没有气场，没有气势，没有信心。

师：这是命令吗？每句话都要跟大家商量，你觉得这时还能商量吗？

生：我觉得不能。

师：是的，这些命令带着威严，（板书：威严）让人觉得不能不听从。

生：这段命令的最后一句"必须把六十人救出去"，船上其实有61人，他把自己忘掉了，我佩服他这种舍己为人的精神。

师：（板书：忘我）在死亡面前，普通人都会慌乱，也会暴露出自私的一面，而船长能克服人性的弱点，先人后己，甚至完全忘我，这是很了不起的。

生：我有个疑问：救生艇刚刚好够坐60人吗？如果不是，他为什么没有想到自己，为什么不把自己也救出去呢？

师：你问得太好了！我们把这个问号放在这里，（板书：?）回头再来讨论。

生："妇女先走，其他乘客跟上"，说明这个船长很有绅士风度。

师：对，这是男人的担当，不仅担当了船长的职责，还担当了男人的责任，非常有绅士风度。（板书：担当）还有想发表意见的吗？

生："哪个男人胆敢抢在女人前面，你就开枪打死他"，船长的这道命令让我感到很惊讶，为什么男人先走就要威胁男人的生命呢？

师：非常好的话题。男人的命难道不是命吗？你们觉得船长的这道命令合情合理吗？

生：合情合理，它能体现哈尔威船长的纪律威严。

师：谁有补充？

生：我觉得这样子男人就不会吵吵闹闹，男人不吵了，队伍就会有序。

师：男人与女人从体力上讲，谁更强一些？

生：男人。

师：男人与女人从心理素质上讲，哪个更好一些？

生：也是男人。

师：留在后面意味着获救的希望更小一些，对吧？你觉得如果让男人先走，女人留在后面，会怎样？

生：女人会哭天喊地，慌作一团，场面更加混乱。

师：所以让女人先走，不仅仅是保护弱者，也是为了让船上所有人更好地逃生。亲爱的同学们，丛林里的法则是弱肉强食，我们人类从丛林里走了出来，步入文明社会。文明社会就是要保护弱者，这是文明社会的表现。那么你觉得如果有男人抢在前面的话，哈尔威船长会开枪吗？

生：我觉得会开枪。因为之前有一句话："船员赶紧解开救生艇的绳索。大家一窝蜂拥了上去，这股你推我搡的势头，险些儿把小艇都弄翻了。"

师：好，情急出险招，所以你觉得必须得开枪。

生：我觉得不一定会开枪，因为前面说"必须把六十人救出去"，如果这样就开枪打死人了，就是自相矛盾了。

生：我觉得船长不会开枪，他说的"开枪打死他"，其实是吓唬不守秩序的乘客的。

师：或者说，是震慑。对于船长会不会开枪，同学们都有自己的理解，这非常好。这个话题就是让你们去分析情况，做出判断。这个问题并没有标准答案，重要的是他这道命令有没有用？

生：（齐）有用。

师：我们来看一看船长下命令之前人们怎么样？

生：（齐）"大家一窝蜂拥了上去，这股你推我搡的势头，险些儿把小艇都弄翻了。"

师：下这道命令之后呢？

生：（齐）"大家立时不出声了。没有一个人违抗他的意志。人们感到有一个伟大的灵魂出现在他们的上空。""救援工作进行得井然有序，几乎没有发生什么争执或殴斗。"

师：你认为这里的"伟大的灵魂"是指什么呢？

生：我认为它指的是哈尔威船长临危不惧、镇定自若、思路清晰。

师：他的威严，他的担当，他的忘我，他的信念等，形成了特殊的"场"，震慑也感染了船上每个人。（生再次齐读第35段）

师：还有没有感到不解或者惊讶的地方了？

生：我有个不解的地方：为什么船长还下了一道命令："把克莱芒救出去！"为什么要专门为克莱芒下这道命令？

师：既然船长要关注每一个人，为什么单单把这个人强调一下？

生：船长觉得克莱芒只是个孩子、见习水手，所以会下这道命令。

师：船长的命令中要求"船员断后"。克莱芒是乘客吗？

生：（齐）不是，是见习水手。

师：也就是说，他也得断后。在所有断后的船员中，他最小，是个孩子，又是个见习水手，没有经验，所以船长要大家特别关心他。从这道命令中我们也可以看出船长的镇定和冷静。

生：为什么哈尔威船长在这么紧张的情况下还能镇定自若？

师：是啊，为什么乘客们都不行呢？

生：如果在灾难中船长很急很慌的话，乘客和船员就会更慌乱；如果船长镇静的话，乘客和船员会跟着一起镇静。

师：也就是说，这是一个领导者、船长应该具备的素质。不过，我还有一个小小的困惑：你看后面船长下命令"快干"，可是他刚才跟奥克勒福大副交流时间时，明明说"够了"，这不是自相矛盾吗？既然"够了"，为什么还要"快干"？

生：哈尔威船长想到可能有一些突发事件发生，所以让他们快干。

师：可有别的见解？

生：因为哈尔威船长要把所有的事情都考虑到，害怕到时会出现一些临时的情况，所以，他得有一点儿防备的时间。

师：就像你赶飞机要提前走一样。

生：我觉得他说"够了"，是想让船上的人不要慌乱。

师：说得好。他要给所有人打一针镇静剂。"够了"，"我"船长说够了就是够了，所以你们根本不需要慌乱，不需要担心。而实际上，时间是非常紧迫的。所以从这里你可以看出，一个优秀的船长不光要有威严，能站出来吼喝，还要有智慧。（板书：智慧）

殉职：理解"英雄"

师：刚才有同学提出话题：为什么哈尔威船长不把自己也救出去呢？是时间恰恰不允许他上去吗？假如哈尔威船长不跟这条轮船一起沉没的话，他还是"英雄"吗？请用手势表决：认为他不是英雄的用手势"×"来表示，认为他还是英雄的请用手势"√"表示。（生做手势）

师：全班只有四位同学认为如果船长不沉下去的话就不是英雄。大家谈谈对这个话题的看法吧。

生：哈尔威船长已经在这艘轮船上工作多年，他对这艘轮船有感情，不舍得离开，所以他会选择与这艘轮船共存亡。他的牺牲精神让人们感到很敬佩，所以我觉得他如果不与轮船共存亡的话，就不是英雄。

师：你认为他在救援过程中所有的表现都不够英雄，只有最后牺牲了才是英雄吗？

生：我认为前面的那些救援表现也很英雄，可是最后，他不与轮船一起沉下去，总觉得还不够英雄。

生：我觉得船长的职责是要与轮船共存亡的，如果他的船不在了，他这个船长也就没有意义了，所以只有他和船一起沉下去才算是英雄。

生：我不同意你的观点，哈尔威船长就算不与轮船一起沉下去，他还是英雄，因为他把全船的六十个人都救出来了，就算他把自己也救出来……

师：他也仍然是英雄，因为他在救援过程中表现出来的——

生：镇定、威严、担当、忘我都是英雄的表现。

生：我也认为他是英雄。英雄难道一定要死，一定要舍弃自己的生命吗？

师：也就是说英雄不一定是烈士，是不是？

生：是。

师：不死同样也可以成为英雄，那么这个小说为什么要让哈尔威船长和船一起沉入大海呢？

生：因为这是一个悲壮的故事，悲壮的故事要有悲壮的结尾，所以船长要沉入大海。

师：他刚才说了一个很重要的词。

生:(齐)悲壮。

师:小说的作者雨果,是一个非常有激情的人。一个有激情的作者给故事安排了这样一个结尾,把船长这种忠于职守的品质推到了一个很高很高的地方,推到了极致,这会不会给我们带来一种非常崇高、非常神圣的感觉?

生:(齐)会。

师:这就是悲剧的力量,所以小说紧紧地抓住我们的心,然后故事中的人物会让我们产生一种什么力量呢?(板书:感召)他感召着所有船员和乘客,也感召我们读者的心,感召我们向他走去,将来如果我们遇到这样的困境,也能像他那样去处理事情。所以雨果是这样让哈尔威船长定格在我们读者心里的。(生齐读,师指导朗读:"哈尔威船长,他屹立在舰桥上,一个手势也没有做,一句话也没有说,犹如铁铸,纹丝不动,随着轮船一起沉入了深渊。人们透过阴惨惨的薄雾,凝视着这尊黑色的雕像徐徐沉进大海。")

环境:雾在文中的作用

师:"黑色的雕像徐徐沉进大海",而船长的形象却在我们心中冉冉升起。"阴惨惨的薄雾"这样的描写给你带来什么样的感觉?

生:它表现了人们悲伤的心情,因为哈尔威船长与船一起沉入了深渊。

师:好,这个环境描写有一种渲染的作用,把人们的心情很好地衬托出来了。也就是说,人们的心也是阴惨惨的,是悲伤的。这个悲壮的故事透过这个"阴惨惨的薄雾"给我们带来了悲的感觉。细心的同学可以发现,小说中不止一次出现了关于雾的描写。快速浏览课文,找出文中描写雾的地方。作者反复地写雾,有什么作用呢?(师巡视,生伸出手指反馈找到了几处)

生:"大雾弥漫""沉沉夜雾中冒出一枚黑点""雾愈来愈浓了"。

生:"一瞬间,大雾中似乎耸起许许多多船只的幻影,人们还没来得及一一看清,就要死到临头,葬身鱼腹了。"

师:很好,再加上最后一处"阴惨惨的薄雾",总共有多少处?

生:(齐)五处。

师:最后一处我们刚才讨论过了,其他几处对雾的描写,你觉得有什么作用?

生：我觉得有了雾更能衬托那个时候的神秘感，还有恐怖感。

师：哪里有神秘感和恐怖感？

生："沉沉夜雾中冒出一枚黑点。"

师：神秘、迷茫、恐怖，这些感觉在雾中渲染出来了。还有别的看法吗？

生：雾本来是很美的，但这是个悲惨的故事，所以作者笔下的雾有一种悲惨、恐怖的感觉。另外，我还觉得……

师：你是把小说中的雾和你平时描写的雾做比较，感觉很准。继续——

生：我觉得写雾是为后面的结局做铺垫。

师：我们刚才梳理原因的时候，知道引发这次海难的原因之一是——

生：（齐）雾。

师：作者多处写到雾，既交代了故事的起因，渲染了这个故事的神秘感、恐惧感，衬托了人们的悲伤，同时又推动了情节往前发展，所以小说中好的环境描写，（板书：环境）是非常耐人寻味的。今天，我们学习了雨果的《"诺曼底"号遇难记》，学会了梳理小说中故事的起因，感受了小说中的人物形象，同时体会到了小说环境描写的作用。当然，阅读这样的作品，我们的内心会激荡，会思考：当我们自己面临困境时，我们该怎么做？船长这个形象，我相信一定会感召我们，激励我们。这就是小说的意义。

同情或怜悯，并不是他们需要的
——《我是白痴》读书交流会手记

《我是白痴》是作家王淑芬创作的一部儿童小说。这本书很耐读——正如封面上写的"一口气读完，一辈子不忘"。主人公是一个智力有障碍的男孩儿，名叫彭铁男。小说以第一人称叙述的方式，把我们带进了彭铁男的世界。这个世界是以"校园故事"为中心的，学生读起来有亲近感，然而以智力有障碍儿童的特殊视角观察校园，又使学生熟悉的人和事变得陌生，或者说它给读者带来了新鲜感。

原来不仅仅是好笑

我带六年级（5）班学生共读了《我是白痴》。这个班级的学生上五年级之前并不是我带的。巧合的是，以前任教的老师曾带他们共读过这本书。书发下去时，他们就嚷着读过了。我说，那正好可以看看你们这几年的长进情况。他们又读了一遍。

我问他们再读的感受。不少学生谈到，当初读的时候，只是觉得这本书很好玩，是笑着把书读完的。彭铁男简直太逗了：英语老师念"课本"的英文，他看起来像一只嘟着嘴的接吻鱼；当同学丁同讥讽他送花给妈妈太小儿科，可以让妈妈喂他吃奶时，他很认真地澄清："我已经没有在吃奶了，现在我都吃面。"每次外出，妹妹都要警告他，"不要让别人知道我是你妹妹"，而妹妹在跌倒时，居然需要他去扶，于是他就希望妹妹常常跌倒，他就能常常变成她的哥哥……小说里的这些情节，学生们曾经觉得非常好笑，而现在再读，他们读出的不仅仅是好笑。虽然还是会忍俊不禁，但笑过之后有感动，有愤怒，还会生出一声叹息，甚至能读懂彭铁男不经意的"误解"中，对现实某种幽默的嘲讽。这样的童书可以从 9 岁读到 99 岁。越是优秀的童书就越是这样：极简单又极深刻，既可以浅浅地读，也可以深深地想。这也是儿童分级阅读的难处所在。

彭铁男是不是白痴

书名是"我是白痴"，然而，后记的题目是"他不是白痴"，那么彭铁男到底是不是白痴？我请学生说出各自的看法。

"有一分证据，说一分话"。学生要在书中寻找支持彭铁男是白痴或者不是白痴的证据。学生找出了彭铁男的很多"不懂"：他所谓的"上学"只是抄书、提开水、吃便当；他在满满一黑板的字中只会写"中""大""一"；他考试经常得零蛋；数学老师给他补课，他搞不懂上数学课为什么要一直假装吃饼，然后跟着念"八分之一"；他不懂什么是"英雄"，以为像丁同说的那样把林佳音的裙子掀起来看到她内裤的颜色就是"英雄"……"他在智力上有很大的缺陷，我承认。"吕芯蕊在读后感里是这样做小结的。

然而，彭铁男又有那么多的"懂"：他懂得体贴妈妈，给妈妈献花，这是孝心；他懂得体谅老师，给老师送水，甚至都不愿踩到老师的影子，这是尊重；他被撞倒了，可他不想再让人去撞别人，这是和善；妹妹跌倒了，他想要去扶起她，认为这是做哥哥的责任，尽管妹妹曾警告他离她远一点儿……"他的心灵世界和他的感情世界比许多人都完整。"班上有学生忍不住这样感慨。

经历了一番讨论，学生们发现在"彭铁男到底是不是白痴"这个问题上，不能轻率地下结论。的确，我们面对外界信息时如果不愿意耗费思考的成本，就容易形成一种固化的认知框架，形成狭隘的偏见。若把问题放在具体的情境里，再去还原，去演绎，去分析，答案就会变得丰富多彩，理解也会更细腻、深入。

"你为什么在我的班级里"

讲到对白痴的歧视，让学生们最义愤填膺的是丁同母子。丁同，这个卷发的男孩儿屡屡嘲笑彭铁男。丁同的妈妈也多次找到校长室，说像彭铁男这样的笨孩子放在她儿子的班里是大害。即便是丁同先欺负彭铁男，她也照样指着彭铁男骂。丁同母子的表现让学生们很生气，甚至很愤怒："太丑陋了，太不人道了。"

其实，书中有些人对待彭铁男的态度，与丁同又有何区别呢？

彭铁男好不容易找到路到达学校，一个男老师朝他吼"白痴"；他怎么都学不会"book"的尾音要读得很轻，英语老师气呼呼地骂他"白痴"；数学老师看到他的零分卷时，声音变得像唱戏一般："零分！鸭蛋！彭铁男，你为什么在我的班级里？"又称他是"浪费社会资源"。而隔壁邻居骑摩托车撞到了彭铁男，居然还对彭妈妈说："你的儿子有没有脑震荡，还不是一样。我刚才已经说了，是他自己不小心。"……学生说出这种种歧视言行的时候，声调都是高的。

而陈家兴同学的发现，更让同学们打了个激灵："应该说书中的班主任杨老师是个有爱心的好老师，然而，她在下发亲师座谈会通知单的时候——请同学们看第 38 页——'星期五下午的亲师座谈会，请你们的父母尽量抽空参加。'她又跟'我'说：'彭铁男你妈妈在卖面，很忙，可以不必来。'"

陈家兴继续说："学生上课的日子也是大人上班的日子，请问：父母有谁不忙？杨老师的这句话，从表面上看是关心彭铁男，实际上，也是对彭铁男的一种歧视。她认为对彭铁男这样的榆木疙瘩，他妈妈来不来对他提高成绩都是毫无用处的，所以她并不希望见到彭铁男的妈妈，也怕因此惹来麻烦。另外你们看，校长的表现——他在升旗的时候，讲的是'不可以轻视白痴'，但他却很大声地一口一个'白痴'，这不是轻视又是什么？"

教室里顿时安静了。大家原先并没有考虑到这些不经意的、甚至以另一种形式存在的轻视。先前我也并没有全想到，被陈同学这么一点，心微微地疼：我身上是不是也有书中的杨老师或校长的影子？看学生们凝神的样子，也许他们和我一样在思索。

这时，有学生说："这种轻视，即便是彭铁男的亲人也有。故事中说，即便放假，彭妈妈也不让彭铁男到面店里端面，她怕别人知道她的儿子是白痴。他的妹妹更是警告他，在补习班不要说她是他妹妹！"

最后，孩子们发现小说里只有一个人对彭铁男始终怀有真正的爱和同情，那就是和他一样有残疾的朋友"跛脚"。当彭铁男被要求在园游会上让同学拿水球丢他，弄得衣服湿掉时，他说："湿掉的不只是衣服。"

"这个世界，如果多一些白痴，不知道会怎么样"

彭铁男被这么多人轻视，这样的生活多糟糕！

然而，事实恰恰相反。小说中的彭铁男是那么快乐，简直是天天快乐！

我们把目光锁定在最后一章《听不懂的话》，去听"跛脚"告诉彭铁男的话——

你能和别人吵架，表示双方地位是对等的，至少在精神上，不分谁贵谁贱。

其实，聪明人未必比白痴快乐。

人生不是只有数理化。

这个世界，如果多一些白痴，不知道会怎么样？现在的问题，就是聪明人太多了。[①]

我在屏幕上逐条显示这些话，学生们一句句地读完。我觉得时机已经成熟，便抛出了一个话题："主人公是个智力有障碍的儿童，作者为什么要用第一人称来写彭铁男的遭遇？"

有学生说，用第一人称来写，读者会觉得亲切，好像这些事就发生在自己身上，有身临其境的感觉；有学生说，这样写更能写出彭铁男的想法；有学生说，这个角度很妙，作者让读者跟着彭铁男去感受他的想法，读懂他的内心，这个世界由此会变得单纯而美好。不记恨，不记仇，不争功，不邀赏，彭铁男就是在"不懂"中，保持人之初的那一份天性。

当学生们嚷嚷着要变成白痴，或者把自己打傻的时候，我笑着说："打傻自己当然不可取，但像彭铁男那样去为人处世，从而保持内心的完整，是我们一生都需要学习的。"

[①] 王淑芬.我是白痴 [M] .南昌：二十一世纪出版社，2009：115-117.

什么是真正的平等

读书交流会结束后，我组织学生做了一次单元练习卷。在练习卷中我出了这样一道题："这个月，我们共读了作家王淑芬写的《我是白痴》。对书中的彭铁男和丁同母子的表现，你一定有些想法吧。请你以彭铁男好友的身份写一张纸条给丁同，向他传达你的感受和体验。"

"丁同，你的想法我曾经也有过。可是我现在知道，我们和彭铁男是一样的人。或许他的智力有缺陷，然而世界上没有一个人是完美的，大家都是被上帝咬了一口的苹果，只是上帝太爱彭铁男了，所以咬得重了一些。希望你以后不要再嘲笑他了。谢谢。"写下这段话的是看起来有些"天然呆"的吴坤泽同学。

"致丁同：写这张纸条的目的很简单，就是想问问你对'白痴'的看法。我不理解你为什么要羞辱彭铁男，是因为他比你笨吗？孝顺长辈，体贴老师，忠于朋友……这些，他做得比你差吗？我并不需要你对他施以同情，他与你是平等的。你只要把他当作一个普通人就好——和你一样的普通人。"杨遇陈同学平时不声不响的，但她通情达理的话语中却不乏凌厉。

批着这样的答卷，我的困顿似乎也减了一分。史铁生在致盲童的文章里，有过类似的说法。他说所谓"残疾"，"无非就是一种局限，就像你想看不能看，我想走不能走。其实，健全的人也有他们的局限——他们想飞而不能飞"[1]。所以，每个人有每个人的困苦和磨难。生命便是超越局限、克服困苦从而感受幸福的过程。

残疾人的确需要他人的关心与帮助——其实所有人都需要他人的爱护与帮助。但我们若以高高在上的姿态，对他人施以廉价的怜悯与同情，这在地位上就没有了平等，更谈不上尊重。

很多学生喜欢书中彭铁男的形象：傻傻愣愣的小眼睛，稀稀拉拉的短头发，笨拙而可爱。为这本书画插画的是清华大学美术学院的彭婷，我喜欢她画的那些插画。

---

[1] 史铁生.上帝的寓言 [M].武汉：长江文艺出版社，2012：237.

鲁滨逊的魅力
——《鲁滨逊漂流记》读书交流会手记

说来你也许不信，丹尼尔·笛福是个连自己的孩子都不喜欢的男人。当初，他创作《鲁滨逊漂流记》时，没有想过要为孩子创作。他拿起笔创作的动力是钱，为了过上风光的日子，让人们仰慕他，记住他的名字。

笛福其人

丹尼尔·笛福不喜欢过兢兢业业、谨小慎微的生活。他喜欢财富，喜欢政治，喜欢投机和赌博，他觉得把每一天都变成一场战役是让人激动的。当时，苏格兰水手塞尔柯克在一个荒岛上度过了四年零四个月，几乎成了野人，获救返回英国后引发了公众极大的好奇心。笛福的灵感因此迸发。

毫无疑问，鲁滨逊的身上流淌着笛福不安分的血液。在读书交流会上，我先抛给学生一个问题："主人公鲁滨逊到过哪些地方？"学生接力叙述，鲁滨逊从家乡约克郡出发，到伦敦、萨利、巴西、孤岛，又在孤岛上生活了28年后回到家乡。从这个漂流经历中我们可以看出，鲁滨逊一生都处在动荡、流浪中。漂泊的人往往是风餐露宿，居无定所。实际上，这样的漂流生活完全是鲁滨逊的主动选择，而不是被动接受。我引导学生注意小说中的两处：第一处，小说一开头就介绍了鲁滨逊在他的家乡约克郡的生活——

1632年，我出生在约克郡的一个富足家庭，然而，我们不是本地人。我父亲来自德国的不来梅，他起初定居在赫尔市，在通过经商挣得一笔相当可观的资产之后，便放下手头的生意，来到约克郡定居。①

第二处，讲鲁滨逊跟着大船出发，到了巴西以后，靠种植园又过上了安定富足的生活：

第二年，我的种植园再次迎来了大丰收，我在自己的土地上收割了五十大捆烟叶，除了供应给有需要的邻居之外，还剩下不少。这些烟叶每捆都有一百多磅重，我将它们晒干，放在一边，等里斯本的船队来把它们运走。随着生意越做越大，钱越挣越多……②

然而，这个不安分的鲁滨逊选择了再次流浪，就像这本书的作者笛福一样。

儿童选中了它

笛福的这本书并非为儿童所写，儿童却选中了它，重要原因之一便是笛福或者说鲁滨逊身上的这种不安分和儿童是多么相似。风暴、海滩、野人、战役……每一页都让人兴奋、紧张，那种未知、那种不确定、那种生活中的一切可能性，诱惑儿童们一页一页地翻动书。

儿童喜欢它的另一个重要原因，就是鲁滨逊的创造力。"如果光是呆坐在那里，想着自己没有什么，那么什么事情也做不成，这个道理促使我很快行动起来。"③在荒岛上生活的鲁滨逊靠自己的双手，做了哪些创造性的劳动呢？我让学生接力说。制作木筏、建造堡垒、做桌椅、制作劳动工具（锄头、铲子、手推车）、自制油灯、种粮食、晒葡萄干、编篮子、建"乡间别墅"、制作架板、烧陶瓷、做木头的臼、做筛子、烘焙面包、做独木舟、做帽子和伞、利用陷阱捕羊、圈地养羊、做羊油和酪干……他们一一道来。

毋庸置疑，儿童是热爱创造的。阅读这样的小说使他们的创造热情被点燃了。笛福的精准描写给这个虚幻的故事以足够的真实感。作者不厌其烦地、

①②③ 笛福.鲁滨逊漂流记 [M] .任战，等.译.桂林：广西师范大学出版社，2006：1，30，40.

细致入微地描写鲁滨逊：他想到了做什么，用什么去做，怎么做，遇到了什么困难，怎么解决……我让学生再次阅读他做架板、烧瓦罐的文字——

我必须先砍下一棵很大的树，因为我需要的是一块宽大的木板。我花了三天的时间才砍倒一棵树，又花了两天砍去它的枝丫，把它削成一根圆木或是一块木料。再经过难以形容的无数次砍削，我把它的两面一点点削平，一直削到它轻得可以移动了。然后，我把它转过来，把一面从一头到另一头磨成一块又光又平的板子，然后又把这一面翻过来，切削另一面，直到把整个厚木板弄成三英寸厚、两面光滑的样子。[①]

我把三个大瓦罐和两个小罐一个个叠着放成一堆，然后在这周围放上柴火，柴火底下还有大量的炭火。我用新鲜燃料从四周和上部点起火来，直到我看到罐子的里侧已烧得通体红热，并小心着使它们不至于爆裂。当我看到它们红透了以后，我让它们继续保持在那个热度里五六个小时。后来我看到其中的一只，尽管没有爆裂，却融化了，因为掺杂在黏土里的沙子受热后熔化了，如果我继续加热的话，它大概会变成玻璃的。于是，我把火渐渐减弱，直到罐子的红色开始褪去，我整夜看守着这些罐子，小心不使火减弱得太快。到了早上，我得到了三个非常好——尽管我不敢说漂亮——的瓦罐，两个硬得不能再硬的罐子，其中的一个还因为沙子的熔化而有了一层完美的釉。[②]

在交流中，孩子们发现，一无所有的鲁滨逊白手起家，百折不挠，利用一切可以利用的资源，让所有可以用的东西为自己服务……他不仅有创造的热情，还有创造的智慧和坚韧的毅力。鲁滨逊这些创造性的劳动，实际上是在重走人类最初创造文明的路程。鲁滨逊不满足于制造一个普通的瓦罐，而是要装饰它们——他创造着艺术；他养了狗、猫，还有山羊、鹦鹉，又把仆人星期五留在了身边——他创造着社会。他在木头上刻下年数、月份和日子，强迫自己的记忆继续工作——他在拯救自己的身体，也拯救自己的心灵。他认为昨天所做的一切永远是不够好不够多的，明天的鲁滨逊会更灵活更有经验。

---

①② 笛福.鲁滨逊漂流记 [M].任战，等.译.桂林：广西师范大学出版社，2006：96，120.

鲁滨逊让每一个小读者看到了重新创造世界的画面和景象。这跟他们喜欢玩的搭积木城堡游戏何其相似！我和学生们交流时，他们几乎都说到了这一点：鲁滨逊经历的一切，他们好像也在经历着，甚至分不清这一切是自己在做，还是鲁滨逊在做。

如果让你去森林求生

毫无疑问，这本书男孩子更喜欢读，那女孩子是否也需要读呢？在讨论的时候，除了上面谈到的鲁滨逊生存的勇气和创造的智慧给每个人带来启发以外，学生们还谈到了一个重要的情节：在孤岛上生活的鲁滨逊是怎样调整自己心态的。

我把书中鲁滨逊记录的好处坏处记录表① 拿了出来，让男生、女生对着读——

坏处	好处
我被卷到一个可怕的荒岛上，没有重返大陆的希望了？	但我还活着，而船上其余的人都淹死了。
我与世隔绝，独自承受这凄凉的寂寞。	但是，我也同时与船上那些人、与死亡隔绝开来，我既然奇迹般地被上帝救了一命，一定也能在他的保佑下，脱离目前的境地。
我与人类隔绝，孤身一人，被驱逐出了人类社会。	但我没有因为缺乏食物，饿死在不毛之地。
我衣不蔽体。	但我身处热带，即使有衣服也穿不上。
我无力抵御外人或野兽的侵略。	但这里根本看不到我在非洲海岸所见过的那些野兽，如果我在那里翻了船，情形又会是怎样呢？
没有人和我说话，也没有人安慰我。	但上帝却奇迹般地将船送到海岸附近，让我得以从里面拿到许多需要的东西，这些东西，一辈子也用不完。

---

① 笛福.鲁滨逊漂流记 [M] .任战，等.译.桂林：广西师范大学出版社，2006：53.

对比阅读后学生不难体会到：不管遇到多么糟糕的事情，我们都得想想它好的方面，同时还要想想比自己更糟糕的情况。

还有一个很有意思的话题我们放在最后讨论："如果让你去森林独自求生，只允许带三样东西，你会带哪三样，为什么？"学生们的答案真是五花八门。有学生说，要带一大袋米，不然会饿死的。马上有学生反驳，带米那么重，而且米迟早被吃光，还不如带一把种子。有学生说，要带一个手电筒，因为怕黑。有学生说，要带一把枪，因为他发现枪在鲁滨逊的孤岛生存中起了很大作用：有了枪就可以生火，有了枪就可以打猎，有了枪就可以不怕凶猛的野兽了。有学生说，要带一本书上孤岛。我问他带什么书？这个学生笑着说是《鲁滨逊漂流记》，原因是遇到了难题可以翻开书看看鲁滨逊是怎么解决的。我大笑，这个学生把它当成森林求生指南了。

说到书，我请孩子们留意书中的书：鲁滨逊带了什么书上孤岛？这本书给予了他怎样的帮助？大部分孩子留意到了是《圣经》。在鲁滨逊生病感到无力的时候，在他发现野人极度恐慌的时候，是《圣经》给了他精神力量——

在我患难之日，求告于我，我必拯救你，你也要归荣耀于我。①
我将永远、永远不离开你，不放弃你。②

所以说，书籍是有力量的。而《鲁滨逊漂流记》的魅力更是历久不衰。这本小说被译成多种文字流传于世界各地。也许我们这辈子不太会像鲁滨逊那样在孤岛上生活，孤身漂流28年的可能性也不大，然而，他的故事承载着喜悦和梦想，带给成千上万人历险的激情，给我们日复一日的平淡生活一种心理上的补偿。

①② 笛福.鲁滨逊漂流记 [M] .任战，等.译.桂林：广西师范大学出版社，2006：133，94.

残酷与温情：一匹马眼中的战争
——《战马》读书交流会实录

班级：江苏省吴江实验小学六年级（6）班

时间：2014 年 4 月 21 日

了解背景：关于"一战"

师：最近，我们共读了英国作家迈克尔·莫波格的小说《战马》。这是我们第一次共读战争题材的小说。故事发生在第一次世界大战期间，同学们搜集了关于"一战"的资料，谁能简明、扼要地把你了解到的情况和同学们交流一下？

生：1914 年 6 月 28 日，奥匈帝国皇太子斐迪南大公夫妇在萨拉热窝视察时，被塞尔维亚青年枪杀。奥匈帝国以此为借口，在得到德国的支持后，于 1914 年 7 月 28 日向塞尔维亚宣战，第一次世界大战爆发。

师：好的，这是战争的导火索。谁有补充？

生：1914 年至 1918 年，亚洲、欧洲、美洲共有 30 多个国家和地区约 15 亿人卷入战争。"一战"中伤亡人数达 3000 万，造成了巨大的经济损失，带给人类空前的灾难。

师：请大家特别关注刚才同学介绍时提到的数字。战争持续了多久？

生：（齐）4 年。

师：还有战争的影响：30 多个国家和地区、15 亿人、3000 万人伤亡。

概览全书：战争中的人与马

师：一说到"战争"这个词，我们就会想到战火纷飞，想到血腥与残忍。如果只是炮弹和厮杀，如果只是血肉横飞，那么《战马》就不足以成为优秀的作品。《战马》的优秀之处在于作者写战争的视角——通过一匹马的故事写一场战争。这匹马叫乔伊。在故事里乔伊一次又一次地换主人。它先后换过哪些主人？这些主人有怎样的脾性？又是什么原因让乔伊离开了主人？下面我想请同学来接力叙述，说说乔伊的"数度易主"。

生：乔伊的第一个主人是艾伯特。

师：准确地说，是艾伯特父子。乔伊是艾伯特的父亲从集市上买回来的。

生：艾伯特的父亲是个喜欢喝酒的人，每次上集市总是要喝得醉醺醺的。他特别要强，他买下乔伊不是因为他需要马，而是为了不让另外一个买马的人遂心如意。

师：是的。那艾伯特呢？

生：艾伯特温柔、友善。

生：艾伯特执着得要命。我从两件事里可以看出来：一是他教乔伊耕地，使乔伊成为一匹农用马；二是他为了寻找乔伊，报名参军去了兽医站。

师：是的。艾伯特和乔伊的感情异常深厚。乔伊为什么会离开艾伯特呢？

生：因为艾伯特家的农场需要钱，他们家没钱了，所以艾伯特的父亲把乔伊卖了。

师：卖给谁了？卖给军队，所以乔伊的离开是因为艾伯特的父亲需要钱，而战争需要马。继续接力，说马的下一个主人——

生：马的下一个主人是英国的军官尼克尔斯上尉，他和善、真诚，喜欢乔伊也欣赏乔伊。

生：他遵守了自己的诺言，答应艾伯特会好好照顾乔伊，他做到了，还给乔伊画画。后来乔伊离开他是因为他在一次战争中死了。

师：准确地说，是在一场战役中牺牲了。这里请大家特别注意一下：作者是怎么写尼克尔斯上尉牺牲的？谁能迅速找到书中的句子？

生：在第 62 页："我看到前面身穿灰色制服的士兵举起来复枪，我听到致命的机枪声。忽然，我发现没人骑着我了，背上不再有分量了，我竟然独自站在中队的最前面……"

师：这就是作家的特别之处，写一个人的牺牲，原来是可以这样写的。尼克尔斯上尉牺牲了，乔伊的下一位主人是谁？

生：骑兵沃伦。骑兵沃伦是最和善的也是极具耐心的人。

师：骑兵沃伦骑术如何？

生：不好。乔伊觉得他"重重地压在马鞍上，像一袋土豆似的"。还有，他不喜欢参军，也不喜欢打仗，他在家乡是个铁匠。

师：后来乔伊为什么又换主人了？

生：骑兵沃伦被敌人包围了，做了战俘。

师：好。乔伊的下一个主人是谁？

生：埃米莉和她的爷爷。乔伊白天去拉伤员，晚上得到了埃米莉和她爷爷的照顾。

师：对，法国农村里的爷爷和孙女。

生：埃米莉是个娇小、可爱的女孩子，她对乔伊很体贴，给它铺稻草，用流苏赶苍蝇，晚上还熬夜给马做按摩，做脚部护理……

师：后来呢？

生：后来，一群德国兵把马带走，要让马去运送枪支弹药。

师：之后一段时间马的主人是谁？

生：疯老头弗里德里克。

师：准确地说，疯老头弗里德里克不能算是马的主人。马过了一段没有主人的生活，弗里德里克不过是一位对马尤其是对另一匹叫托普桑的马有特别好感的士兵。

生：后来，疯老头在逃命时动作太慢，被炸死了。

师：再后来呢？

生：马冲入了"无人区"，英国兵和德国兵同时去解救马，英国兵通过抛硬币的方式获得了这匹马。马被带到了军营中，与兽医站的艾伯特重逢。

师：重逢之后还有故事。战争结束后，马被拍卖，埃米莉的爷爷买了这匹马又转送给了艾伯特。马和艾伯特一起回到了英国的乡下老家。刚才我们把战马乔伊的主人一一列出，整本书的故事结构也基本呈现出来了。我们来看看这张"乔伊数度易主图"（出示图片），比较一下乔伊的主人的结局，你发现了什么？

生：乔伊的主人都很关心它，都能体贴地照顾它。它过得最惨的一段日子没有人照顾它，但不是人无情，而是——书上是这么写的："倒不是说他们很残酷，只是他们似乎也是被迫干这事，所以满心恐惧，没有时间和精力对彼此、对我们表示一点儿友好或关切。"

师：说得好。小说里乔伊的主人不断更替，无论是英国军官还是德国马倌，无论是老爷爷还是小孙女，无论是英国大兵还是军队医生，他们对乔伊的帮助和关心，与立场无关，与身上的军装颜色无关，只与人性有关。这个故事让我们看到了战争中的人性与温情。其实，不只是乔伊的主人，所有接触过乔伊的人，他们对乔伊这样的战马也不只有爱护，更有尊重。你有没有注意到故事中的霍普特曼先生是怎么称赞乔伊的？

生：第86页，霍普特曼先生称乔伊和托普桑是英雄，"有好几百匹这样的马都死在咱们的铁丝网上。我告诉你们，要是我们有这些动物的一点点勇气，我们现在就会在巴黎，而不是在泥地里挣扎。这两匹马经历过地狱般的战火来到这里——它们是唯一成功抵达这里的马。被派来做这样的傻事可不是它们的错。它们不是马戏团的动物，它们是英雄，你们明白吗？英雄，它们应该被当作英雄对待"[1]。

师：同样的意思，士兵鲁迪也说过，请大家翻到第134页，看看鲁迪是怎么说的。

生："我跟你说，我的朋友，马是有灵性的，这匹马更是如此。上帝在创造它们的那一天就注入了这种灵性。在这场肮脏得令人作呕的战争中，发现这样一匹马，对我来说，就像在牛粪上找到一只蝴蝶。我们和这样的动物，并不属于同一个宇宙。"[2]

师：鲁迪的比喻特别有意思吧。更让人动情的文字在后面，乔伊得了破伤风之后，兽医站的戴维跟少校马丁是怎么说的？请读一读第179页上戴维的话。

生："您告诉我们，马的生命甚至要比人的生命更重要，因为马本身并不坏，除非是人把邪恶强加到它身上。我记得您说过，我们兽医兵团的职责就是日日夜夜地工作，要是有必要的话，一天工作26个小时，尽全力拯救和帮助每匹马。您还说，每匹马都很珍贵，它们对打仗而言都很珍贵。……您

①② 莫波格.战马 [M].李晋，译.海口：南海出版公司，2011：86，134.

说过，马是部队的生命线，我们永远不能放弃，因为哪里有生命，哪里就有希望。"[1]

师：一天工作 26 个小时，意思应该懂吧？我们通过梳理可以看到，战争中的人对马的关爱和尊重展现了人性的善。陷于困境的乔伊让互相对峙的德国士兵和英国士兵跳出各自的战壕，激烈的战争因此暂停，那短短一刻的停火，是非常动人的。你们有没有注意到这个细节？

生：注意到了。他们都想救乔伊，后来他们抛硬币决定乔伊归谁。

师：对的。看看"乔伊数度易主图"，看看这些人的结局，你又能发现什么？

生：有的人死了，有的人被俘了，有的人想逃回家却没有勇气。

生：即使不想上战场的人，也被迫上了战场，没有谁能躲得过。

生：战争很残酷。

生：我看到的是战争的无奈，比如，尼克尔斯上尉明明知道骑兵是敌不过机枪的，但是他不能反对，反对了，别人就会叫他失败主义者。

师：说得真好。多少人是在无奈中被卷入战争，又有多少人在战争中永远离开了家园。《战马》让我们看到了战争中的温情与人性，也让我们看到了战争的残酷与无奈。

联系比较：小说与电影的区别

师：著名导演斯皮尔伯格将小说《战马》搬上了银幕，获得了包括最佳影片在内的六项奥斯卡金像奖提名。我们花了两个多小时看了电影《战马》，同学们深深地沉浸其中，电影的感染力量是巨大的。不过，电影和小说的确有不同之处，之前我让大家在阅读单上做了比较，现在来交流一下。

生：电影中有一只鹅，小说中是没有的；小说中有老马佐依，电影中没有。

师：嗯。同学们最好能说点儿有意味的不同，也就是让你从中看出点儿名堂来的不同。

---

[1] 莫波格.战马 [M].李晋，译.海口：南海出版公司，2011：179.

生：小说以马的视角叙述故事，里面的马能听懂人话，会想事情，而电影中不是这样的。

师：这个发现很好。小说和电影选择的视角是不同的。斯皮尔伯格在接受采访时说，他不认为如今的电影观众还对能说话、乃至能思考的马感兴趣，不管是用哪种语言，这不是他想要的。他想拍出"一战"那种真实的氛围来，让观众把它当作一部真实的电影，而不是奇幻片。

生：小说中，乔伊和艾伯特重逢的地点就在兽医站。乔伊被带到兽医站以后，艾伯特为它洗净身子，发现它就是乔伊；而在电影中，艾伯特被毒气伤了眼睛，包扎了绷带，是凭哨声认出乔伊的，这样的相认更能表现出彼此非常熟悉。

生：我补充一下。我认为这样的改编是成功的：一个是马伤了腿，但在听到熟悉的哨声时仍能轻快地跑向主人；一个是人伤了眼，但能准确无误地说出记忆中乔伊的特征，用独特的哨声呼唤乔伊。电影中的情节更为感人。

师：你说得太好了。在电影《战马》中，还有哪些地方也做了渲染，与小说有不同之处？

生：电影开头的时候，艾伯特教乔伊耕地，小说中没有提到下雨，也没有人围观、嘲笑他们。我认为电影中又是下雨，又是有人嘲笑，这样的场景更加突出艾伯特让乔伊学会犁地的决心之大。

生：还有故事的结尾。在电影中乔伊和艾伯特一起回家的时候，天空中有一片霞光，太美了，而小说中没有这样的描写。

师：说得好极了。这就是电影艺术，电影有它独特的结构、语言和艺术手段。

生：小说中艾伯特的父亲好像只是一个酒鬼，而电影中通过艾伯特与他母亲的对话，我们知道了他父亲喝酒的原因。他父亲曾获得过很多荣誉，并且拒绝以此为傲。

师：这个发现很棒。小说的主角是马，是站在马的角度写人，写战争；而电影更多展现的是人。电影对两个人物——艾伯特的父亲和埃米莉的爷爷的塑造特别成功，我想请大家回读一遍电影中的两段重要对白——

（第一个场景是：艾伯特对父亲喝酒表示不满，母亲取出父亲得过的荣誉勋章给儿子看，并且告诉儿子——）

可能老鼠咬过了……他是帝国部队第七营的中士。这是女王授予的南非勋章。所有参加过布尔战争的人都会获得的。但这个……卓越贡献奖章，是他在德兰士瓦打仗时获得的。在他受伤之后，他救了几个战友……其他的我就不知道了，他也不肯说。但他回来的第一天他就把它们扔出去了。他能下地的第一天，就径自把它们扔进了垃圾箱，也不听我劝。他在非洲做的，不管是什么，他都觉得毫无骄傲可言。艰辛是肯定的，但更多的是疼痛折磨着他……他不愿为杀戮感到骄傲。想想，拒绝以此为傲有多勇敢吧。

（第二个场景是：德国兵在埃米莉家抢走东西的时候，爷爷没有做出任何反抗。埃米莉非常气愤地问爷爷："你这辈子就没有做过一件勇敢的事吗？"爷爷是这么回答的——）

勇敢有不同的表现方式，你知不知道法国人有最好的信鸽？它们在战争中能起很大的作用，传递信息……它们从前线飞回家，我只知道这些，但是为了回家要飞过整个战场，你能想象到吗？飞过那么多的痛苦和恐惧，而且你知道永远不能低下头看，必须朝前看，否则就到不了家。我问你：还有什么比这更勇敢吗？

（生阅读）

师：我特别喜欢这两段对白，我以为这是斯皮尔伯格的过人之处。这可以帮助我更好地理解"勇敢"，理解艾伯特的父亲，理解埃米莉的爷爷，也理解战争中的人，无论是勇士还是逃兵。

引发思考：什么人是真正的英雄

师：小说的结尾，是凯旋的英雄艾伯特带着乔伊回家，但后面又写了这样一句话："不过我俩都知道，真正的英雄没有回家，他们已长眠在法国的土地上，和尼克尔斯上尉、托普桑、弗里德里克、戴维还有小埃米莉在一起。"① 你怎么理解真正的英雄？在战场上牺牲的尼克尔斯上尉、托普桑当然是英雄，戴维曾经为乔伊声援过，可以算英雄，但是弗里德里克呢？一个疯老头是英雄吗？还有小埃米莉，也是英雄吗？

生：我认为疯老头弗里德里克并不疯，正如他自己说的，他是军营里唯一正常的人，是其他人疯了，可他们不知道自己疯了。他们在打仗，可是不明白为什么要打仗。弗里德里克说，"一个人在杀别人的时候，只知道对方的制服和颜色不同，说的语言不同，根本没有真正弄明白为什么这样做"，所以这个疯老头是最清醒的人。

师：我要特别表扬你阅读很细心，在书的第128页，弗里德里克说过这样的话。你认为他是清醒的人，所以是英雄。

生：我还想补充，他其实是想逃跑的，但是，逃跑再被抓到会被枪毙，而且他的老婆、孩子、父亲、母亲会永远为此感到羞耻，所以，他要以疯老头的身份熬过这场战争。就像我们刚学过的课文《山谷中的谜底》说的那样，"有时弯曲不是屈服和毁灭，而是为了生存和更好地发展"。

师：掌声啊。（生鼓掌）这么一讨论，这个想当逃兵却不逃的疯老头，的的确确是英雄。那埃米莉呢？

生：埃米莉是一个善良的女孩子，她会为各种各样的人包括马祈祷。

生：我觉得英雄并非只有牺牲的烈士。艾伯特的父亲也是真正的英雄。他得过那么多勋章，但是他拒绝以此为傲，因为这是用杀戮换来的。

师：如此说来，埃米莉的爷爷也可以说是英雄？

生：是的。我觉得任何一个渴望和平、不愿意伤害别人、愿意保护别人的人，都是英雄。

师：好啊！讨论很深入，你们对"英雄"这个词有了新的理解。那么对战争呢？通过读小说、看电影，你现在想说点儿什么？

生：战争使人们失去了一切，但换个角度想，也使人们明白了一切。战火中那种真挚的感情是永远不会被枪林弹雨击碎的。

生：虽然两个军队士兵的语言不同，但他们的命运都是一样的。他们都

---

① 莫波格.战马 [M].李晋，译.海口：南海出版公司，2011：214.

是被迫参战的，他们都是人。

生：从战争中获得的荣誉也是耻辱的象征，因为它象征着受勋的人杀害了很多无辜的人。

生：《战马》让我看到了光亮的一面。它体现了伟大的人类在战争中所表现出来的智慧、友谊和对生命的尊重、对生活的期待。

生：炮弹要发射多少次才会被永远报废？我的朋友，答案就在风中飘。

图画书：艺术的、审美的、情趣的

第四辑

享受图画书

图画书是一种特殊的文学样式，它通过文字与图画组合的方式，为不能阅读的孩子和开始有阅读意识或刚会自主阅读的孩子提供了适宜的阅读文本。不过，优秀的图画书往往是超越年龄界限的。我把优秀的图画书带给小学各个年级的学生，几乎没人不喜欢。事实上，像我这样的大人，也常常被图画书吸引，愿意一本一本地读，一遍一遍地读。

诺德曼在《儿童文学的乐趣》中特别指出，"一本图画书至少包含三种故事：文字讲的故事、图画暗示的故事，以及两者结合所产生的故事"[①]。确实，与一般插图不同的是，图画书中的图画承担着叙事抒怀、表情达意的任务，具有讲述故事的功能，也正因为如此儿童才会喜欢。

图画书中的图画包含了一套特殊的语言，它用色彩、线条、视角、构图、背景、环衬、扉页、版式设计、方向性、配角与道具等，向读者传情达意。人们阅读图画书，需要关注图画的细节，运用联系，驱遣想象，调动知识背景，再综合判断后才有自己的理解。

图画书的画面，不同于电视和动画中的移动画面。对孩子来说，快速移动的影像，并不利于他们早期心理能力的发展。孩子的眼睛和大脑不能应付移动速度过快的影像，就会产生自我保护，消极怠工。与电视、动画的画面相比，图画书的画面既是运动的，又是静止的，只要孩子愿意，他可以持久地停留在一个画面上，去搜寻他需要的信息，体味他发现的意义，并且在前后连续的画面上，建立起完整的叙事印象。孩子在阅读图画书的过程中，可以训练自己的观察、记忆、想象和心理组织能力。教师和家长让孩子阅读图

[①] 诺德曼，雷默.儿童文学的乐趣 [M].陈中美，译.上海：少年儿童出版社，2008：268.

画书是促进孩子早期思维发展的一条特殊而又重要的途径。

优秀图画书中的图画一般都具有较高的艺术水平，而且符合儿童的艺术接受能力，所以更容易进入儿童的心灵世界。优秀的画面作用于儿童的视觉器官，可以给儿童提供审美的熏陶。

图画书的文字往往不多，或者说，它有着诗一样的特质：短小、紧凑，每个字都有价值。文字必须是能够推动故事向前发展、呼应故事情节的。好的图画书，不会训诫你，因为图画书的杰出之处在于让孩子用审美的方式把握与理解世界。审美的方式与理性的方式的区别在于，理性把握是一个走向抽象的过程，它让我们"懂得"；而审美的落脚点在走向具体，引出审美愉悦（也包含不愉快），需要人全情投入。图画书看起来稚气，但这份稚气里常常蕴藏着简单、朴素却又深刻的生命智慧。

图画书的目标阅读群体主要是孩子，作者因此往往将主角设定为孩子，而且难题也是孩子自己解决。阅读这样的故事，孩子会悄悄地学到很多东西。当遇到相似的人生难题时，他们也许就不会过分惊慌，因为他们已经有过心灵的体验。

学生在聆听中感受图画书的魅力

学生在阅读图画书时，教师的讲述是很重要的。一个语文教师理应成为一个讲故事的高手。不过，并非所有的语文教师都能意识到这一点。在有些图画书推广实践的课例中，的确有一些教师只是把图画书作为学生识字的教材。按照我对图画书的理解，这完全是丢了西瓜捡芝麻的行为。那么，教师该怎么讲述图画书故事才更有味道呢？

叙述与补白：讲读故事不止是读文字部分的故事。曾有一位年轻老师跟我诉说她的苦恼。她把图画书借回家读给快要上一年级的孩子听，但孩子的兴趣不大。这是为什么呢？原来她只是把书中的文字读给孩子听，一本30多页的图画书几分钟就读完了。图画书中的文字往往很少，优秀图画书的文字通常起到弥补画面无法表达意思的作用，有的图画书甚至就是无字书。她单纯地朗读文字，忽略了图画书通过图画叙事的特殊表达方式，自然达不到好的效果。

比如，在《想吃苹果的鼠小弟》一书里，有一个对页的图画，相对应的文字只有两行："来了一只猴子，拿了一个苹果。要是我也会爬树……"

教师在讲述的时候，可以将画面和文字内容结合起来描述："鼠小弟累得气喘吁吁的时候，来了一只猴子。它噌噌噌，三下两下爬到了树顶，一伸手就轻轻松松地摘走了第二个苹果。鼠小弟心想：要是我也会爬树……那就爬爬看吧。只见它张开双臂，紧紧地抱住树干，咬紧牙关奋力向上。不知道是因为紧张还是太用力，你们看，它的小尾巴都在发抖呢。可是，它毕竟太小了，而苹果树又那么高，才爬了一小段，它就摔下来了。"

教师像这样讲述，故事的味道就出来了。因此，教师在讲述图画书时，根据画面对故事内容做补充、添加、延伸、衍生与再创造，都是十分必要的。即使是读文字叙述比较充分的图画书，也要关注"图说"部分的表达。有的图画书配有环衬，如《我们去猎熊》讲的是一家人高兴地去捉熊，结果熊没捉着，反而被熊追得落荒而逃的故事。有些老师在阅读时往往会忽略它的环衬，而儿童文学研究者、儿童阅读推广人、作家彭懿老师在解读这个故事时，说前、后环衬分别是故事的开始和结束。后环衬上，天变黑，一头熊走在阴霾满天的海滩上。由它垂头丧气的神情我们知道了故事的结局，熊并没有破门而入。

把握与调控：保持故事的本色与节奏。每一本图画书都有自己的"心情"和"颜色"，故事的形态不同，风格不同，结构不同，教师讲读的基调也应该有所区别。上文提到图文结合的讲述法是一种个性化的创造，这种创造的前提是尊重作者，保持图画书的"本色"：淡然的还它一个淡然，悠长的还它一个悠长，火热的跟着一起燃烧，活泼的就一起欢笑……

有的老师以为要把故事讲得生动，一定要用夸张的表演手法，而自己不具有表演的天分，自然也讲不好故事。在我看来，这是一种误解。教师夸张的表演方法的确可以吸引学生，可是一旦这种方式退出舞台，学生是不是能走向自主阅读？因而，我更倾向于讲述者用本色、自然的语言、语调讲述故事。在学生阅读图画书渐渐入门以后，教师对图画部分的描述，可以逐渐减少，取而代之的是翻页以后的沉静：让学生自己与文本、图画直接互动。这样的放手是为了更好地发展学生的阅读力，使之成为独立自主的阅读者。

此外，教师讲述图画书需要顺应故事的结构和节奏。比如，《逃家小兔》这本书文字部分的最大特色是顶真，并且是大连环的句句顶真：小兔变成什么，关系到兔妈妈会变成什么；兔妈妈变成什么，关系到小兔接下来的变化。因此，不打乱顺序，一页一页翻，每次兔妈妈变化之前教师让学生猜猜，再通过翻页印证，就顺应了故事的特有结构。而图画书《勇气》就不一样。"勇气，是你第一次骑自行车不用安全轮。""勇气，是和别人吵架后你先去讲和。""勇气，是知道还有高山，就一定要去征服它。""勇气，是必要的时候说声再见"……作者接连用了 20 多个画面来表述"勇气是什么"。对这种平行的故事结构，教师可以这样处理：让学生在充分阅读图画书的基础上，选择自己最认同、最有体会的一个画面和同学交流。

所以，教师在讲述图画书之前应对整个故事有解读和梳理，要知道哪里让学生笑，哪里让学生紧张；什么时候该戛然而止，什么时候可以静默不语。教师要通过对学生心态的拿捏让他们保持对新情节的期待。正如陈晖老师在《图画书的讲读艺术》中阐述的那样，故事讲读的节奏要有把控，悬念的保持和拉抻、高潮的抑扬、谜底及结局的保留与隐忍、尾声和余韵的唤起等，都是有意义和效能的方法。

互动与开放：让学生参与故事的编织与创造。为了使学生的阅读更为深入，教师在讲述图画书的过程中，在故事的精彩与转折处，可以请学生猜测、想象，参与编故事。这是教师在故事讲述中的基本策略。

图画书《爷爷一定有办法》讲述了犹太民族的一个古老的故事：约瑟出生后，爷爷用蓝布料做了一条毯子送给他。后来毯子破旧了，爷爷把它缝成了外套；外套破旧了，爷爷把它缝成了背心；背心破旧了，爷爷把它缝成了领带。领带最后还分别变成了手帕、纽扣。当纽扣也找不到时，约瑟说："这些材料还够写成一个奇妙的故事。"

讲述这个故事时，教师完全可以把讲述、猜测与印证相结合，把它变成一种课堂的"拍子"：

师：妈妈说："约瑟，扔了它吧！"

生：（齐）约瑟说："爷爷一定有办法。"

师：（边说边做动作）爷爷拿起了毯子，翻过来，又翻过去。"嗯……"爷爷拿起剪刀开始咔吱、咔吱地剪，再用针飞快地缝进、缝出、缝进、缝出。爷爷说："这块料子还够做……"（生猜测）

学生猜测完毕后在画面中找到蓝布料，发现它成为外套、背心、领带、手帕、纽扣时，内心会有多么惊喜。这是一种从内心深处生发的强烈而旺盛的喜悦感。

此外，为了丰富孩子的情感体验，教师可以让他们成为故事的主角，遭遇故事中主角所遭遇的情境，想一想：如果你就是故事中的小主人公，会怎么想？怎么办？这种阅读策略，可以让孩子启动联想和想象，参与故事建构，在其心里进行故事的再现与营造。譬如，一些承认孩子负面情绪的书如《生气汤》《野兽出没的地方》，本意就是让孩子的情绪在故事里得到抒发，让孩子透过书中角色所面临的情境，发展出属于他们自己的应对方式。

在言传中意会：故事讲述不该"问个不休"。 每个故事都有它的主题。个性、发展、平等、友爱、包容、合作、正义、梦想、爱与被爱等主题在图画书中频繁出现。教师对作品主题的解读和把握，体现了其对故事理解的高度。比如《小恩的秘密花园》中的小恩，是一个热爱种植、开朗、乐观的女孩儿。她来到舅舅的城市，本身就给这座灰色的城市带去了一道阳光。这样去理解小恩，书中的画面便有了全新的阐释。《小蓝和小黄》是一个色彩的游戏：小蓝和小黄拥抱以后变成了一种新的颜色——绿色。同时它又呈现出一种生命哲学：每个人天生是一种颜色，和别的颜色交往和拥抱的过程，便是成长的过程，生命的颜色因此而变得丰富多彩。正如故事中的小蓝和小黄最后都变回自己的颜色一样，任何成长到最后都需要回归，回到自己的原色。

这样的解读是为了帮助教师更好地理解故事以便采用更适合的方式给孩子讲读，而并非向孩子灌输自己的理解。孩子的特质与大人不同，他们是感觉重于思考，他们不急于弄懂故事，然而他们会因为觉得故事好听而想要一听再听，这就是他们对故事的直接反应。因此，对主题鲜明的图画书，教师用不着组织学生讨论过多的问题，取而代之的，应该是组织学生朗读、做情境活动或游戏。比如《亲爱的小鱼》这本图画书，对其反映的爱的主题教师根本用不着和学生讨论。师生双方若是玩一场人称变换的游戏，会产生比提出问题更好的效果，例如：

> 师：亲爱的小鱼，我好爱你。我喂你面包，你要快快长大。
>
> 生：亲爱的猫咪，你好爱我。你喂我面包，我要快快长大。
>
> 师：每一天我都会亲亲你，我答应你永远不会忘记。
>
> 生：每一天你都会亲亲我，你答应我永远不会忘记……

这样的人称改变，实际是将图画书中的猫咪独白变成猫咪和小鱼的对白。13 个画面，师生此起彼伏地暖暖地接力朗读，这种爱意弥漫的境界，是任何言说都无法抵达的。

当然，如果图画书的主题相对复杂，相对隐蔽，教师可以通过一两个话题引导学生讨论，但一定要适可而止，以学生自读自悟为主，不做牵强附会的拔高，更不可"问个不休"，把"故事会"变成了"问题会"。

一遍一遍又一遍：反复阅读是必要的。图画书是需要反复阅读与反复讲述的。教师给孩子讲述，孩子自我阅读，孩子再给家长讲述……不知不觉中，故事在孩子那里经历了多次反复。反复是必要的，孩子是很喜欢反复的。今天的人们越来越意识到，前后一致和重复（不是不断的"刺激"和"变化"）对孩子的健康成长至关重要。大人其实也一样，对自己心爱的乐曲或诗句，喜欢一遍一遍地听，一个字一个音符也不改变地听。苏珊·佩罗在《故事知道怎么办：如何让孩子有令人惊喜的改变》一书里，对反复讲述故事的好处阐述得十分到位：

> 体会到无处不在的节奏，知道生活会不断延续；
> 知道接下来会发生什么，充满信心和安全感；
> 增强记忆力和注意力；
> 培养音乐感；
> 发展语言能力①。

图画书的画面包含了大量的直接或间接信息，会给初次阅读的读者一种

---

① 佩罗.故事知道怎么办：如何让孩子有令人惊喜的改变 [M] .重本，童乐，译.天津：天津教育出版社，2011：81.

目不暇接的冲击，所以我们往往更关注后面的结果或视觉冲击力特别强的部分，而大量密实的细节所传递的信号，需要再次阅读时才被注意到。如《生气汤》画面中的细节处隐藏着霍斯生气的真正原因，这是初次阅读的读者往往会忽略的。

学生在写、绘的创作中引发深层的阅读愉悦

利用故事情境，续编故事。一个故事讲完了，大人最想知道的是孩子听懂了没有，除了直接问，还有别的方式吗？测验？写心得？不当的考查方式不仅令人感觉乏味，更会让孩子心生恐惧。孩子一旦有了巨大的压力，就很难产生阅读的愉悦感。从实践中我们发现，教师利用故事的情境，引导学生续编故事，可以很好地了解学生们对故事的感受和把握程度。

如《狐狸爸爸鸭儿子》讲的是狐狸捡到一个鸭蛋，想孵成鸭子后吃了它，却因小鸭叫的一声声"爸爸"内心变得无比柔软。教师可以在读、写、绘的延伸活动中做这样的设计："在这个充满爱的故事里，狐狸爸爸和鸭儿子生活在一起了，后来它们还可能会发生什么样的故事？"

仿用故事结构，创造故事。孩子学习语言、编织故事一般是从模仿起步，依葫芦画瓢，渐渐习得的。教师可以在优秀的图画书里，寻找到易于模仿的"元素"，给孩子提供样式，既让孩子创造了故事，又帮助他们发展了语言。比如《我要大蜥蜴》这本图画书整个故事就是由阿力和妈妈的便笺组成的：小男孩儿阿力想要领养麦基家的大蜥蜴，用便笺和妈妈展开了对话。这种以便笺推动故事情节发展的结构，孩子完全可以模仿运用。教师可以让孩子试着用文中阿力的方式和爸爸妈妈做一次书面沟通与交流，达成自己的一个愿望。

又如在图画书《逃家小兔》中，"如果你变成……我就变成……"的句式反复出现，给图画书带来了旋律美。在学生写、绘创作中，教师可以顺势设计这样的活动："和你妈妈玩一场爱的游戏：你来做逃家小兔，变出新的模样，看你妈妈能变成什么来追你。"学生徜徉在想象的画面里，借鉴、模仿《逃家小兔》的语言，表达自然而然地灵动起来：

如果你变成星星，我就变成月亮，在夜空里陪伴着你。

如果你变成小鱼，我就变成小河，把你拥在怀里。

如果你变成风筝，我就变成一阵轻风，把你吹得又高又远。

特别值得一提的是，故事中的兔妈妈，不管是变成爬山的人还是变成树，变成风，都依稀可见兔的模样。受图画书的启发，杨凌畅小朋友和他妈妈画的池塘里的荷叶，组合成的图案就是爱心不变的兔妈妈的样子，简直让人叫绝。

另外一些图画书，如《蚯蚓的日记》《我爸爸》《一粒种子的旅行》等，都有可以借鉴模仿的故事结构及语言模式。

借用人物原型，衍生故事。有人说，图画书是要用想象力读的，因此判断一本图画书是否优秀的其中一个标准，便是作者想象力所抵达的高度。培养孩子的想象力，有如农时，错过了这一季，就没法再补起来。孩子们爱想，敢想，也会想。教师借助图画书中的人物原型，引领学生编织故事，由此及彼地展开想象，不失为读写绘设计的一大"法宝"。例如，《最奇妙的蛋》讲的是三只母鸡（圆圆、琪琪和毛毛）为了争自己是最漂亮的母鸡，都努力生出最奇妙的蛋——最大的蛋、最圆的蛋、四四方方的蛋！这是一种有趣而有益的思维方式——不能老跟在人家的思维后面，要寻找新的突破口。这个故事的写绘设计可以是这样的："假如你是作家，会让圆圆、琪琪和毛毛生出怎样奇妙的鸡蛋呢？从鸡蛋里孵出的小鸡又是什么样子的呢？请创作你的故事《最奇妙的蛋》。"

陈瑾怡小朋友的奇思妙想完全可以挑战作家——

圆圆生出了笑脸蛋，她的小鸡见谁都笑；琪琪生出了梅花蛋，她的小鸡身上有梅花香；毛毛生了个爱心蛋，她的小鸡有爱心。

对《小黑鱼》《想吃苹果的鼠小弟》《小猪变形记》《鸭子骑车记》等图画书，教师都可以用这种方式做写绘设计，放飞孩子的想象力。爱因斯坦说，想象力比知识更重要，因为知识是有限的，而想象力概括着世界上的一切，推动着进步，并且是知识进化的源泉。从这个意义上讲，推动世界进步的可能是一双会读、会写、会画的手。

链接自我生活，发展故事。文学阅读的意义是什么？从某种程度上讲，阅读是与世界、生活、他人建立联系的一种方式。这种联系能否顺利建立，在于读者能否在其中遇到一个"我"：一个曾经的我、一个可能的"我"、一个期盼的"我"。因此，教师可以将图画书的阅读向孩子们的生活进行延伸，引导他们去体验、发现、表达自我世界，思考"我"的生活。这是让故事穿越"我"，成为"我"的一部分的重要方式。例如《你很快就会长高》讲的是矮个子的阿力为了让自己长高做出了种种努力，可都无济于事，他为此很不快乐。后来叔叔告诉他，内心长大最重要。对这本图画书做写绘设计时，教师就可以给出这样的话题："你也想和阿力一样'内心长大'吗？想一想，你该怎么做才算是内心长大呢？"

读《阿文的小毯子》，教师可以让学生画一画、说一说"我"最心爱的玩具；读《我爸爸》，教师可以让学生画一画、写一写"我"的爸爸；读《有个性的羊》，教师可以让学生勾勒一下最能体现"我"的个性的画面；读《花婆婆》，教师可以让学生想一想"我"的"第三件事"—— 一件让世界变得更加美丽的事……

这是林逸轩小朋友读了《大脚丫跳芭蕾》后写下的梦想。

我的梦想是长大后当一名钢琴家，到那时会有很多人来听我的演奏会，会热烈地为我鼓掌。所以，从现在起我要认真地学习，刻苦地练习，为了我的梦想能早日实现。

看着孩子们的梦想，我无法不动容。我的梦想是，通过实施图画书课程，用美好的故事润泽孩子的童年，让他们快乐地成长，让每一个"林逸轩"都拥有梦想，并拥有实现梦想的力量。

念念不忘，终有回响
——图画书《红点点绿点点》教学实录

班级：上海市文达学校五年级

时间：2016 年 5 月 20 日

[**教学实录**]

师：今天，老师要给大家讲一个童话故事。在讲童话故事之前，先给大家看一组漫画。漫画的作者叫喃东尼。这组漫画被很多人转发，你们有没有看过？（出示图片）在这两幅漫画里，乘坐在友谊的小船里的两个好朋友是怎么翻船的呢？

生：因为有一个人非常自私，自己吃独食。

师：这说明好朋友应该有福同享。那为什么有一方变瘦了，友谊的小船也要翻呢？

生：因为一方吃的比另一方多。

师：还是跟吃有关哪！

生：因为两个人的友谊不协调，没有发展到一定的程度，容易产生一些误会，就会翻船。

师：大家知道吗？很多人认为瘦是王道，瘦了穿什么衣服都是百搭，而胖了呢，穿什么衣服都是白搭。你那么瘦，站在我身边显得那么苗条、好看，我岂不是很惨？好朋友不但要有难同当，"有丑也要同当"，一旦平衡被打破，友谊的小船说翻就翻了。之所以给大家看这样的漫画，是因为在座的同学马上要面临毕业和分离，你是不是也在想着，和好友分开以后，友谊还能一直存在吗？今天老师要讲的这个中国童话会带给你一些启发。这个故事的题目叫——

生：红点点绿点点。

师：写下这个故事的人，是中国的童话作家汤汤，为这个童话作画的叫孙鑫。打开这本书，出现的是它的环衬页。大家看到环衬页上都是红点点、绿点点，有两个主角出现了，你看出来了没有？

生：一条毛毛虫身上有绿点点，另一条毛毛虫身上有红点点。

师：这两条毛毛虫看起来漂亮吗？

生：我觉得很漂亮。

生：我觉得绿的毛毛虫漂亮，像闪着光，但是黑色的毛毛虫太暗淡了。

师：也就是说黑的不漂亮，是吧？张老师的童年是在乡下度过的，我记得有那种颜色很亮很亮的毛毛虫，如果不小心碰到它，碰到它的那块皮肤就会起一个很大的包，所以我对那种颜色很鲜艳的毛毛虫是有一点儿害怕的。这两条毛毛虫虽然有点儿丑，却不让人害怕，至少我不怕它们。当然，丑只是我的看法，它们在彼此眼里才不丑呢。让我们一起走进这个故事。（翻页讲述故事，生安静聆听）

红点点是条毛毛虫，绿点点也是。
它们总是在一起。
一起一扭一扭地爬，
一起哼哧哼哧啃树叶，
一起喝露水，
一起荡秋千。

红点点爱打喷嚏，
常常会把自己从树枝上打下去——
不要担心，
绿点点一个倒挂金钩把它拉住。

世界上如果没有绿点点，那该有多没劲啊，红点点想。
世界上如果没有红点点，那该有多孤单啊，绿点点想。

唉，它们都有一桩好大好大的心事——

所有的毛毛虫都知道自己将来会变成蝴蝶。
可是所有的蝴蝶都会忘记自己曾是毛毛虫哦。
变成蝴蝶以后会不会彼此忘记？

怎样才能不忘记呢？
它们问了一条又一条的毛毛虫。
毛毛虫们说，忘记多好呀，
我变成蝴蝶，才不愿想起自己当过毛毛虫呢。

它们去问一只又一只的蝴蝶。
蝴蝶们很吃惊，
我以前怎么可能是毛毛虫？
我从来就是蝴蝶嘛。

唉，到底有什么办法，
才能不忘记呢？
有了——
每天在心里念五百遍对方的名字，
红点点，红点点，红点点……
绿点点，绿点点，绿点点……
这是第一个办法。
一直念到刻在心上为止。

第二个办法是这样的，
红点点在绿点点的额头咬了一口，
绿点点在红点点的额头咬了一口，
留下深深的牙齿印。

两个办法怎么够？

还有第三个法子呢。

它们找到两片紧紧挨着的树叶，

一起吐丝，

一起成蛹，

也会一起化蝶吧。

三个法子够了吗？

还不够，还不够。

蝴蝶健忘症那么强大，

需要更多的办法。

第四个好不容易想出来啦。

它们叮嘱树上的花背蜘蛛——

我们变成蝴蝶的第一秒钟，

请您对我们大声喊一句话：

红点点和绿点点总是在一起！

第五个办法呢？

想呀想呀想不出来。

那就这样吧，

应该够了吧，

现在放心吧。

好困哦。

过几天再见！

好困哦。

过几天再见！

一片叶子上，一个红点点的蛹。

另一片叶子上，是绿点点的蛹。

好大一阵风。
绿点点的叶子飘到了地上。

一天，两天，三天……
很多天过去。
树上的红点点从蛹壳里钻出来。
树下的绿点点从蛹壳里钻出来。
花背的蜘蛛吃饱了正在睡觉，
它当然没有看到。

红点点扇扇翅膀，朝南边飞。
绿点点扇扇翅膀，朝北边飞。
它们的心里没有留着谁的名字，
额头上也没有印记。

师：故事讲到这里，我们来回顾一下：两条毛毛虫有什么心事？

生：它们的心事是害怕自己变成蝴蝶之后忘记对方。

师：所以它们要想法子把对方记住。故事里讲了几个法子？闭上眼睛想一想。第一个法子是？

生：第一个法子是每天在心里念对方的名字。

师：而且要念——

生：五百遍。

师：第二个法子是？

生：第二个法子是在对方额头上咬一口，留下印记，让彼此记住对方。

师：第三个法子是？

生：第三个法子是让花背蜘蛛在它们变成蝴蝶的时候喊一句："红点点和绿点点总是在一起！"

师：这是第四个法子。谁记得第三个法子？

生：第三个法子是找到两片紧紧挨着的树叶，一起吐丝、成蛹。

师：好。当你们看到这一页"红点点扇扇翅膀，朝南边飞。绿点点扇扇翅膀，朝北边飞。它们的心里没有留着谁的名字，额头上也没有印记"，你的心情是怎样的？

生：我觉得非常难过，它们想了那么多的法子，做了那么多事情，就是为了让对方记住自己，可是现在呢，一点儿印记也没有了。

生：很难过，因为一对很好的朋友分散了，彼此不认识对方了。

师：曾经的知己、朋友竟成陌路。

生：红点点朝南边飞，绿点点朝北边飞，我想即使它们还记得对方，也永远都碰不到。

师：你好想对它们喊一声对不对？——"喂，你是红点点，喂，你是绿点点，你们一起往南方飞，或者一起往北方飞呀！"那么，这个故事该怎么结束呢？如果你是作家，会为这个故事写一个怎样的结尾呢？和你的同桌交流一下你想到的或者你想要的结局。（生以小组为单位自由讨论，师巡视）

师：已经想好的同学请举手……（生举手）还有两位同学没有举手，不知道该怎么安置它们，那你们等会儿再慢慢想也可以。请同学们把手放下，接下来我要请同学们来写写故事的结局。这个结局是接在作家汤汤写的故事后面，原先故事的语言形式要保留，要不然就不能"浑然一体"了，对吧？那么这个故事的语言有什么特点呢？我想请同学们接力读一读。（出示有关句段，生接力朗读）

师：这么一串句子读下来，你们发现这个故事的语言有什么特点？

生：都是相对的，上面是一个动作，下面也是一个动作。

师：他大概有点儿明白了，可是没有说清楚。

生：上面一句是写红点点的，下面一句是写绿点点的。

师：故事里像这样的语言有很多：一句是讲红点点的，一句是讲绿点点的，而且语言是对称的、反复的，当然不是所有的句子都是这样的。所以，你在写故事结局的时候，也可以嵌入一点儿这样的句子。老师给大家五分钟时间，请你取出练习纸写起来。（生练笔5分钟，师巡视并提醒："并不是所有的句子都要红点点写一行、绿点点写一行的。"）

师：五分钟时间已经到了，所有的同学请停笔，没有写好不要紧，一会儿就临场发挥，我们本来就要掌握这个本领，对吧？我们请几位同学交流一下他们写的结尾。

生：红点点一直向南飞，绿点点一直向北飞。有一天，红点点和绿点点相遇了，红点点感到寂寞，绿点点也感到寂寞。它们俩从此成了一对新朋友，一起喝水，一起休息，一起聊天。

师：不错，你的语言和原来的故事很般配了。

生：过了几天，红点点遇到了绿点点，绿点点也遇到了红点点。红点点在树上打了个喷嚏，不小心从树上摔了下来，绿点点眼疾手快接住了它，从此它们形影不离，像从前那样。

师：她的故事里红点点和绿点点是怎么相遇的？——红点点打了个喷嚏。虽然它们不知道对方是谁，可是它们还在一起。大家评价一下，她的故事有意思在哪儿？

生：它们因为一个喷嚏相遇了。

师：对，和前面的故事内容很好地对接了。再请个同学来念念。

生：红点点不管刮风下雨，一直往前飞。绿点点也不管刮风下雨，一直往前飞。忽然蜘蛛醒了，它想起了红点点和绿点点让它做的事，于是它也一直往前爬。飞啊飞，飞啊飞，红点点、绿点点和蜘蛛相遇了。原来它们绕了地球一圈后相遇了。蜘蛛说："那是红点点，那是绿点点。"它们想起了自己以前是毛毛虫的事情，又做起了朋友。

师：绕了地球一圈，它们终于相遇了。还有不一样的吗？

生：红点点没有记起绿点点，绿点点也没有记起红点点。变成蝴蝶的它们，又找到了新的好朋友，没有孤单地度过一生。

师：这是各自又找到好朋友的故事了。因为时间关系，同学们写的结局不能都一一读出来，你们想不想看看作家是怎么往下写的？（生：想。师继续讲述）

红点点喜欢呆在玫瑰花上。

绿点点喜欢藏在蒲公英里。

好没劲啊，红点点常常想。
真孤单啊，绿点点常常想。

这一天，它们都来到一口池塘上，
啊——欠——
一个好大的喷嚏，
红点点一头往水里扎去——
恰巧被绿点点看见，
它嗖一声飞到它身底下托住。

谢谢你。
不用谢。
你叫什么名字？
我还没有名字，你呢？
我也没有名字。

你翅膀上那么多红点，就叫红点点吧。
你翅膀上那么多绿点，就叫绿点点吧。

红点点是只蝴蝶，绿点点也是。
后来它们总是在一起。
一起忽闪忽闪地飞，
一起闻花的香味，
一起看月亮，
一起在树叶底下躲雨。

世界上如果没有绿点点，那该有多没劲啊，红点点想。
世界上如果没有红点点，那该有多孤单啊，绿点点想。

它们当然已经忘记，

当它们还是毛毛虫的时候，

就是这样在一起。

师：作者写的结局，有哪些地方跟你想的一样？

生：最后两只蝴蝶"在一起"了。

师：这是很多同学想到的结局。刚才有位小姑娘，还有一个地方和作者想的一样，它们因打喷嚏而相遇。但是作家写的哪些地方跟你想的不一样？发现了没有？

生：我的想法太大胆了，红点点、绿点点和蜘蛛绕了地球一圈；而作家想的不是很大胆，就是在固定的地方，它们像以前一样，打了个喷嚏就相遇了。

师：你绕了很远的路，作家还在原来的地方。你是让蜘蛛告诉它们彼此的过去，而作家呢？

生：作家是让它们重新成为朋友。

师：你有没有注意到，作家曾经说过，"它们的心里没有留着谁的名字"。你后来让它们？

生：我后来是让它们直接想起了对方的名字。

师：嗯，这就和原来的故事没有完全对接上，对不对？你们看，有好多同学都想到了最后的结局是"在一起"，所以一个好故事的结局一定要——合情。（板书）因为我们从感情上很希望红点点和绿点点在一起。此外还要——合理。（板书）作家在写这个故事的时候，她在前面是层层铺垫的，把你们一步步地引导到迷宫的门前，让你们去把门推开，推开的时候你们会想："啊？怎么会是这样的啊？啊！我知道会是这样！"这样写故事，作者就是把读者的心当成了钟，然后一下一下地撞击，让它出声，共鸣。最后，这个故事的结局是这样的，我们一起来念一念。（**出示最后两页故事内容，生齐读**）

师：是什么原因让变成蝴蝶的红点点、绿点点再次相遇了？是偶然还是必然？谈一谈你的看法。

生：我觉得应该是偶然，红点点和绿点点再次相遇只是一种巧合。

师：一种偶然、巧合，就是故事中说的"恰巧"。

生：我觉得是必然的，因为它们本来就是好朋友，在变成蝴蝶之前，始终没有忘记彼此。可能是上帝也看到了这一点，然后安排了这个结局。

师：冥冥之中，总有神秘的力量。

生：我觉得是偶然的，因为红点点往南飞，绿点点往北飞，两个方向是相反的，它们能够相遇是很奇怪的。

师：这么奇怪的事情居然也发生了，真是天意啊！

生：我觉得是必然的，因为有人说有情人终成眷属，红点点、绿点点它们在做毛毛虫的时候就愿意在一起。

生：我觉得是必然的，它们尽管忘记了对方的名字，但是它们总会心灵相通，就像亲人一样。

生：我觉得是偶然的，世界上有那么多蝴蝶，而且有那么多地方，红点点和绿点点为什么就会在同一个地方出现，而且红点点还非常巧合地打了个喷嚏，而绿点点正好接住了它，我觉得这有些不符合常理。

师：准确地说，是不可思议，对吧？不过，你想想：它们在做毛毛虫的时候，为了不忘记对方，曾经怎样努力的？——它们曾经每天念 500 遍对方的名字，它们曾经在对方的额头上咬了一口，它们曾经一起结茧、吐丝……这些努力，难道真的一点儿用也没有吗？它们的相遇是偶然，也是必然。老师想到了一句话："念念不忘，终有回响。"（板书）当你念念不忘的时候，那些你认为不可能发生的事情，你认为不可思议的事情就有可能发生。所有的相遇都是一种必然，甚至可以说，都是久别重逢。轻轻地把图画书再翻回来，看哪些画面感动了你，让你多停留一会儿。（生自由翻阅图画书，人手一册）

师：我看到同学们已经看完了，翻到你看了很久的画面，然后和同学交流一下。

生：我喜欢的是第 8 页，它们为了不让对方忘记自己，红点点在绿点点的额头上咬了一口，绿点点在红点点的额头上咬了一口，我想说友情真伟大。

师：画家在作画的时候为了表现这个疼痛，是怎么画的？

生：画家把泪水画得像珍珠那么大。

师：对。你有没有看到，这幅画面上漫天飞舞的都是红点点、绿点点，这是为什么?

生：因为它们当时在心里念对方的名字，它们的脑海里全是对方。

师：还有别的地方吗?

生：刚开始，它们还是毛毛虫的时候，叶子围成了爱心的样子，意思是它们彼此心里是有对方的。

师：你们有没有注意到，它们是毛毛虫的时候，画面是什么色调? 后来呢?

生：刚开始的时候是绿的，后来，蝴蝶在花间飞舞的时候，是红的。

师：是的，最后的画面颜色十分喜庆，我们中国人喜欢用红色来表达喜庆。同样，这样的安排也是呼应了故事的题目"红点点绿点点"。今天，这个故事就分享到这里，请你们把故事分享给你的朋友、你的家人，让优秀的故事、美好的感情，在我们热情的声音里得以传递。

[作者点评]

我很感谢张老师把这本书带进课堂，对一个作者来说，我们写的故事能够被孩子们读到，这是一件幸福的事；如果孩子们读后感觉很喜欢，那就更加幸福了。

其实，我只是一个童话的写作者，到目前为止，我出版的唯一一本童话绘本就是这本《红点点绿点点》。上课之前，我很好奇，张老师会如何来上这堂课呢? 同时，心里还带着一点儿小小的"幸灾乐祸"，我想看你怎么上哦! 我真的是这样想的，因为换作我自己，真的不知道要怎么去上这节课。但是我给很多人讲过这个故事，给幼儿、小学生、初中生、高中生、成年人，甚至给一批退休的老人讲过这个故事，每个年龄段的人感受到的都不一样。我带着这样的好奇心还有轻微的挑剔感进入了教室。

我的关注点其实就在一个地方，看上这堂课之前、之后，读这本书之前、之后，孩子精神世界里的成长点在哪里，他们的收获在哪里，在思维的、情感的、思想的、语言表达的哪个方面得到了拔节。我一向认为不要把童话教学弄得很复杂，仿佛老师很厉害，什么都知道，我觉得其实简简单单就好。

张老师的这节课，我喜欢的就是她的简单、清爽。一开始，张老师讲故事，学生听故事，听着听着，学生都处在那种很遗憾、很难过的情绪中，张老师于是叫学生写一写，大家一起猜写这个结尾。结尾写好了，张老师又让学生把自己写的跟我写的结尾做对比，看语言上有什么不同，情节上有什么不同。通过这个对比，突出了"情理之中、意料之外"的惊喜。其实，这就是一次小小的文学创作的训练。进入这个环节时，我是蛮紧张的，很希望小朋友想不到我的这个结尾，但大家都想到了"在一起"，甚至还有小朋友想到了打喷嚏、绕着地球一圈，多么大胆的想象！那一刻，我在心里默默地对自己说："汤汤啊，你真得好好写！"

在对比续作的时候，张老师自然而然地提出问题：两条毛毛虫的相遇到底是必然还是偶然的呢？我觉得这个问题看似随意，其实，它很有深意。因为通过对这个问题的讨论，孩子们感受到了爱是如此珍贵，感受到了真心，感受到了人世间奇妙的缘分，也明白了友情、爱情、亲情这一切美好的情感都是"念念不忘、终有回响"的。当然，如果这堂课中童话的氛围能够更浓一点儿，更浪漫、更有诗意一点儿，那就非常完美了。

情感，感染情感；心灵，点亮心灵。谢谢张老师上的这堂课！

（汤　汤）

学习用便条沟通
——图画书《我要大蜥蜴》读写结合课教学设计

[设计说明]

　　《我要大蜥蜴》是美国作家凯伦·考芙曼·欧洛夫和大卫·卡特罗创作的图画书。故事中的小男孩儿阿力突发奇想要养一只大蜥蜴，他知道要让他妈妈同意他养大蜥蜴，不能"来硬的"，所以他用一张又一张的便条说服妈妈。母子俩你来我往，阿力以强而有力的理由与妈妈沟通，妈妈也平静地"见招拆招"，彼此都充满了理性与智慧。最后母子俩达成协议，各退一步，互相尊重，喜剧收场。

　　这个故事提供了一种很好的沟通模式——便条，它有种集表达（书写）与倾听（阅读）为一体的双向沟通的魅力。教师通过讲述故事，可以让学生领悟到学习倾听和理解、尊重别人的意见是成功沟通的重要法宝。

　　《义务教育语文课程标准（2011年版）》在语文课程的总目标中提出要"学会倾听、表达与交流，初步学会运用口头语言文明地进行人际沟通和社会交往"，这节《我要大蜥蜴》的读写结合课，正是对此目标的回应。书中的话题具有强烈的现实意义。现在的小学生自我意识很强，有些小学生在与家长及他人沟通交流时，惯用"耍赖法""命令式"和"胡搅蛮缠术"，只顾自己想要的，而忽略别人想说的。

　　这堂课适用于小学中年段。小学生已经学习了留言条的写法，对便条这一写作形式有了初步感知，这就为这节读写结合课做好了铺垫。

　　我是这样设计这堂课的：教师在讲述故事时，请学生听教师讲，再看图画猜测与印证，师生接力读便条。这些形式顺应了图画书原有的结构与节奏，避免出现师生琐碎的问答环节，增强了故事口口相传的感觉。教师让学生回读故事，分析阿力的沟通高招，这对这个年段的学生来说有一定的难度。但这种难度正是这堂课的价值所在——借助这个故事，学生能看到他从前没想到过的东西。

这个故事提供的沟通模式，让学生在阅读时、实践时都乐此不疲。我班学生在听过这个故事后，纷纷用这招与家长、同学沟通交流，也学会了理性地倾听他人、表达自己，其意义远远超越教师教学生写便条这一技能本身。

[**活动过程**]

话题导入，说说你的沟通招数

1. 教师出示家长不肯给小孩儿买玩具枪，小孩儿赖在地上不肯起来的图片，问学生："这一招你可曾用过？在什么情况下用过？结果怎么样？"

2. 教师请学生谈谈这样的话题：如果你有一件事想要得到家长的批准，还用过什么办法，最后成功了吗？

讲述故事，且看阿力出招

1. 引入故事：难题摆在面前。

（1）教师出示图片讲述：故事里的小男孩儿叫阿力。看他的样子，他似乎有点儿小心事。他在想什么呢？原来，他想养一只宠物。这只宠物既不是猫猫、狗狗，也不是小仓鼠、小金鱼，而是一只大蜥蜴宝宝。

（2）简单介绍大蜥蜴：这是一种外形和龙有些相像的爬行动物。这种巨型蜥蜴，身长有 2 ～ 3 米，体重有 20 ～ 30 公斤。

（3）引发话题：如果你向妈妈提出养大蜥蜴宝宝的要求，你妈妈会同意吗？

2. 讲述故事：接力朗读便条。

（1）教师呈现阿力和他妈妈第一回合交流的便条内容：

亲爱的老妈：

我知道你不会同意我养一只大蜥蜴宝宝，对了，就是麦基搬家时留下来的那一只。但我有非养不可的理由。请听我说，如果我不养它，它就会被送给史汀基，而史汀基的狗狗洛奇，就会一口吃掉它。你不会希望这样的事发生吧，不是吗？

你多愁善感的儿子
阿力亲笔

亲爱的阿力：

我很高兴你这么富有同情心，但我怀疑史汀基的妈妈会让洛奇钻进大蜥蜴的笼子里。不过，你这一招挺不赖的！

爱你的老妈

教师组织学生讨论：阿力用什么办法和他妈妈交流？"这一招"指哪一招？阿力的妈妈为什么说"这一招挺不赖的"？

（2）教师呈现阿力和他妈妈第二回合交流的便条内容：

亲爱的老妈：

你知道吗？大蜥蜴非常安静，而且很可爱，我想，它会比仓鼠还要可爱！
爱你

你可爱的儿子
阿力

亲爱的阿力：

毒蜘蛛也很安静，但我不会把它当宠物养。还有，麦基的大蜥蜴比怪兽哥斯拉还要丑。好好想一想我说的话吧！

爱你的老妈

教师组织学生讨论：阿力为什么要说大蜥蜴安静、可爱？

（3）教师呈现阿力和他妈妈第三回合交流的便条内容：

亲爱的老妈：

你永远不会看到大蜥蜴的。我会把它的笼子放在我房间足球奖杯旁的柜子上。还有，它好小，我敢打赌你甚至不会知道它在那儿。

爱你

献上千千万万又零一个吻

阿力

亲爱的阿力：

大蜥蜴可以长到一米八那么长。你的整个房间都会被塞爆，更别提你的柜子了。（放不放奖杯都一样）

爱你的老妈

教师出示图片，请学生推测：阿力会怎么答复他妈妈说的"整个房间都会被塞爆"？然后教师再呈现阿力写的便条内容：

亲爱的老妈：

一只大蜥蜴要花十五年才会长得那么大。这是麦基告诉我的。那时候我已经结婚了，或许已经住在自己的房子里了。

爱你

你聪明又成熟的孩子
阿力

教师继续出示图片，请学生观察推测：阿力妈妈的便条上会写什么内容？然后教师呈现阿力妈妈的便条和阿力回复的内容：

亲爱的阿力：

如果你养了一只长一米八的爬虫，你想想，有哪个女孩愿意嫁给你呢？

爱你，关心你的老妈

亲爱的老妈：

别提什么女孩不女孩的，现在，我需要一个新朋友！

这只大蜥蜴会是我一直盼望的兄弟！

爱你！

你寂寞的孩子　阿力

（4）师生接力读便条，师读阿力妈妈写的部分，生读阿力写的部分，直至故事结束。

（5）教师用图片和文字呈现沟通的结果：

"你确定你想这么做吗？阿力？"

"是的，老妈！我想养大蜥蜴……拜托！"

师生交流：这次沟通与前面几次有什么不同？（答案：这次是阿力妈妈和阿力当面交流。）教师呈现母子沟通后的图片：大蜥蜴宝宝出现在阿力的柜子上。

回读故事：细数阿力的沟通高招

1. 教师下发阿力和他妈妈交流的便条内容，学生默读 2 分钟。

2. 教师组织学生分小组讨论：阿力和他妈妈沟通时用了哪些高招？

3. 全班交流，把握以下几个要点。

（1）见招拆招：听对方想说的，说对方想听的。

学会倾听：阿力妈妈说大蜥蜴很丑；大蜥蜴会长大；准备好养宠物了吗？

学会表达：阿力说大蜥蜴很可爱；阿力妈妈永远不会看到大蜥蜴的；每天喂它，保证它有足够的水，会清理它的笼子；非常、非常、非常尽力去清理房间和大蜥蜴的笼子；用自己的零花钱买莴苣。

（2）变换署名，署名可以表达心情、感受和自己的努力。

教师和学生一起回读阿力的署名：

你多愁善感的儿子阿力亲笔	你可爱的儿子阿力
你聪明又成熟的孩子阿力	你寂寞的孩子阿力
觉得恶心巴拉的阿力	得到教训的儿子
负责的阿力	爱你的理财奇才阿力

（3）学会表达对妈妈的爱意。

学生回读时会发现阿力写的便条中"爱你"两字反复地出现——共出现

了八次，其中一次是"爱你 献上千千万万又零一个吻"。

（4）学会运用便条的形式。教师请学生说说便条的优势：①有时间仔细推敲怎么写，可以不断修改，直到自己满意为止；②不好意思说出口的话因为不用当面说所以也能说出来；③"白纸黑字"写下来，是准确而可信的证据，不能耍赖。

迁移故事：我来试试这一招

1. 引发话题：最近，你有什么特别期望做的事情需要得到家长同意的？是否想用便条的形式与父母沟通？

2. 教师推荐学生将彩纸折成好看的带叶子的信封（便条做得越精心说明你对这件事情越看重）。

3. "我"也来试一试这一招：教师请学生折叶子信封，写第一张便条。(温馨提示：为了提高成功率，记得回家先把故事讲给爸爸、妈妈听，让他们感受故事里阿力妈妈的智慧。)

一份特殊的礼物
——图画书《弟弟妹妹使用手册》讲述手记

《弟弟妹妹使用手册》是一本适合3至6岁儿童阅读的图画书。我买下来后，决定给高年级的学生讲这本书。

给这些大孩子讲这本书是有原因的。国家全面放开"二孩"政策以来，正在读小学的这批孩子的家长，大多想再生一个。但是，对父母来说，最大的阻碍不是年龄，不是经济条件，甚至不是时间和精力，而是来自身边的已经长大的孩子——他们对即将到来的弟弟、妹妹大多持不欢迎的态度，甚至是怀有敌意的，正如这本《弟弟妹妹使用手册》封底上所说的，"这本使用手册要特别献给那些刚刚收到生活赐予的最美同时也是最具侵略性的礼物的人"。我身边就有这样的个案，有的孩子在弟弟、妹妹出生以后，郁郁寡欢；也有的妈妈怀孕以后，因为孩子的强烈反对，不得不堕胎。

我一直认为，有兄弟姐妹的孩子，更懂得分享和感恩，更懂得照顾、扶持和进退。借助这本书，我就可以和学生们敞开来说说二胎的话题。

上课伊始，我问："你家里有没有弟弟或妹妹？有的话，请举手。"有6个孩子举了手。

"目前还没有弟弟、妹妹，但是你爸妈正在讨论这件事，或者你的妈妈已经怀上二胎的，请举手。"学生们出现一阵小小的骚动，有一小半的孩子举了手。

"老师一直觉得，如果你爸妈能带给你一个弟弟或妹妹，那是给你最珍贵的礼物。国家实施'二孩'政策以后，你们可能会面临一件重要的事情——拥有弟弟或妹妹。所以，今天我要带给大家一本图画书——"我在投影机上放出了书的封面，孩子们跟着念出了书名。

"你们家里有哪些使用手册？"我问。

"电冰箱使用手册、手机使用手册、微波炉使用手册。"孩子们纷纷回答。

"这些都是电器产品的使用手册，而这本书的书名说使用的是什么？"

"弟弟妹妹。"学生齐声回答。

"对，这是一种修辞方法，叫拟物，在这里就是把人当作物来写。这样的表达往往能带给人一种新鲜感，也富有情趣。这是法国人写的一本图画书。法国人很有情趣，这本图画书也是。"拟物这种修辞手法，我就这样渗透在讲解中教给他们了。

接着我打开图画书，给学生们朗读。

祝贺你！你刚刚得到了一个弟弟或妹妹，我们衷心地希望，他能合你的心意。

警告：请你在使用新产品之前，务必认真阅读本使用手册。若违反使用手册中的相关规定，产品将不予保修。

特别提示：样品不同，婴儿的外观也会有所差异。通常情况下，弟弟会配备一枚小牛牛，而妹妹会配备一枚小妞妞。不过小牛牛和小妞妞在功能上并没有多大的差异，因此，这本使用手册可以两者通用。

读到这里，我忍不住赞叹："什么叫语言的文雅与有趣，这就是。翻译这本书的人叫魏舒。"

读完以后，我用一个话题引导学生们重拾故事中的画面和内容："关于弟弟妹妹的使用说明，这本书讲了哪些要点？把你记住的要点在笔记本上写下关键词。"

三分钟后，我问学生们记录了几个关键词，大部分学生回答六个左右。我请他们接力来说一说，并提醒他们注意前面同学说过的，后面同学不可以再重复说。于是，全体同学接力合作将书中的要点都说全了。

怎样能够记得更多甚至记全呢？我请学生用思维导图对整本书的画面内容做归纳与整理："既然是使用手册，应该有使用时'需要做的'，也应该有使用时的'禁忌'，或者说'不要做的'，还有在'功能异常'时，应该怎么解决的。这本书是怎么体现这些内容的呢？"

我把画面一页一页地翻过去，学生们边看边做记录。在交流中我板书关键词，用思维导图梳理出手册的要点，如图：

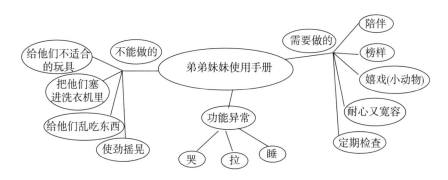

此外，我让学生自己去发现作者是怎样把内容讲得生动，图画画得有趣的。比如，婴儿需要陪伴，作者是这么写的："要知道，小婴儿其实更像一株绿色的植物。如果你期待着有一天他能像花一样绽放，长到天花板那么高，就必须坚持给他浇水，陪他说话，让他尽情地呼吸新鲜空气。"又比如，在"功能异常"这部分，讲婴儿的假哭，作者把婴儿的头部画得只看到哇哇哭的大嘴；有了奶瓶之后，哭声恢复到可以忍受的范围内，作者在边上画了一个噤声的喇叭。

阅读这本书会让人感觉到，陪伴和参与弟弟、妹妹的成长，真是一件美好而有趣的事情。这本书的优秀之处大概就在于此吧。

我喜欢用优秀的图画书带领学生做创意读写活动。他们是要升入六年级的学生了，这次，我给他们布置的创作话题是这样的："在五年的小学学习生活中，你和不少老师打过交道，一定积累了丰富的经验。不要吝啬你的经验，给新入学的一年级新生一些指导，写一本《小学老师使用手册》给他们看看吧。可以先利用思维导图搭个结构，再动手画一画，写一写。"

用图画书的形式来链接学生的生活，写出有创意的《小学老师使用手册》，我发现学生对这个创作话题是很感兴趣的。这个创作过程和阅读《弟弟妹妹使用手册》的过程是相反的。我们先一起讨论大纲——这本手册可以包含哪些内容？

"需要做的和不能做的。"学生们回答。看来我刚才做的梳理工作成功了。

这两块基本上概括了全部内容，但是可以有一些特别的内容吗？于是，我启发他们："比如，特别不能做的；我们可以归为'高危预警'；特别需做的，我们可以归为'贴心棉袄'。此外，你还得注意：《小学老师使用手册》的读者是一年级的新生，要把幼儿园和小学一年级学习、生活的区别以及老师的区别，给读者讲明白了。好，我们先来试着讲一下'不能做的'，你想到了哪些要点？"

有学生说："所有的小学老师都厌学生上学迟到。你要记住，每天按时到校，否则，老师一定会训你，会把你打包退回幼儿园的。"

我笑着说："幼儿园没有学习任务，有的老奶奶九点钟才把孩子送到幼儿园，幼儿园老师也不会批评孩子，但小学老师可不是这样的。"

有学生说："老师讲话的时候，你要像安静、可爱的小狗一样，听着老师讲的每一句话并且注视着她。"

"安静、可爱的小狗，显得特别乖巧，这个比喻让这句话生光了。"我称赞道。

有学生说："下课一定要记住：撒尿！撒尿！撒尿！重要的事情说三遍！"

这个提醒太有必要了。低年级的老师一定遭遇过这样的情形，讲得正兴起的时候，一只小手执着地举着，你以为他有精彩的发言，喊他起来，听到的却是一句："老师，我想撒尿！"这些在幼儿园里定时排队上洗手间的小家伙，一下子不能适应没有老师提醒和看管上厕所的生活，几乎每年都有学生尿裤子的情况发生。

学生就这么一点儿一点儿地说，我把他们的发言内容综合起来，居然很接近一本书的篇幅了。那就再给它写个前言吧。唐俊杰同学是这么写的——

此书献给已经上一年级的和即将上一年级的小朋友们。

她们（小学老师）是一种奇怪的生物，有时说你大了，有时说你还小。你不要摸不着头脑，她们本来就这样矛盾。

小学老师是一种严格的生物，产品危险，请谨慎使用。

赵叶同学还有这样的补充："建议你阅读本手册的时候，最好不要有老师在身边。"

由他们合作完成的这本《小学老师使用手册》，不仅是给一年级新生阅读的，更是给小学老师阅读的。我把这本书当成学生赐予我的一份特别的礼物。这份礼物带给我愉悦，也带给我思考。

附：《小学老师使用手册》

小学老师使用手册

此书献给已经上一年级的和即将上一年级的小朋友们。
建议你阅读本手册的时候，最好不要有老师在身边。

祝贺你，
升入了一年级。
教你的老师会越来越多，
我衷心希望他们能合你的心意。

小学老师多为女老师，
她们是一种奇怪的生物，
有时说你大了，有时说你还小。
你不要摸不着头脑，她们本来就这样矛盾。

小学老师是一种严格的生物，
产品危险，请谨慎使用。

所有的小学老师都讨厌学生上学迟到。
你要记住，每天按时到校，
否则，老师一定会训你，
会把你打包退回幼儿园的。

上课的时候，
你的两只手最好都放在桌上。

左手搭在右手上，
小学老师喜欢这个姿势。

老师讲话的时候，
你要像安静、可爱的小狗一样，
听着老师讲的每一句话
并且注视着她。

下课一定要记住：
撒尿！撒尿！撒尿！
重要的事情说三遍！

经常问老师你不懂的问题，
即使是幼稚的也没关系，
这正好把他们有爱心的一面、渊博的一面
展现出来了，
他们会非常喜欢的。

下课的时候，
不可以随便玩。
老师会让你跳格子、踢毽子，
可你喜欢追着跑，
千万记得一定要去操场。
若在老师办公室门口追着跑，
一定会有声音从里面传出来：
"回教室坐着！"

别做小跟屁虫，
小学老师会觉得烦的。

别带玩具和零食进教室。
如果不小心带了，
千万别在老师讲课时展示出来。
不然的话，老师会让你的玩具和零食
去问候垃圾桶的。

千万别把课本、作业本
撕下来折小飞机。
这是给你的一个忠厚的警告。

给老师起的绰号，
千万不要在得意忘形的时候
叫出来。

如果没交作业，小学女老师会像
蜜蜂采蜜一样
嗡嗡嗡地盯着你要的。
要是你不想尝尝蜜蜂蜇人的滋味，
那你做作业别拖拉。

老师的办公室不是外婆家，
能不去的时候尽量不要去，
甚至，不要在它周围出现。

高危预警

老师发脾气的时候，
你不顶嘴便能很快度过危险期，
要是嚷嚷，

老师会让你的作业永远做不完。

上公开课的时候，
当老师用甜得发腻的声音讲课的时候，
你别以为可以顺着杆子爬到
她的头顶上，
要知道，从这么高的地方摔下来，
会跌得很惨的。

期末的时候，
那是他们的"炸毛期"。
无论哪一科老师，声音都会提高八度，
一点点儿小问题，都会被他们无限放大。
这个时候，你一定要记得：
少管闲事多做题。

贴心棉袄

如果她是女老师，
在她换新发型，穿新衣服时，
你可以称赞她漂亮。
不过，最好不要在课堂上大声地说出来。
下课后跟上去悄悄地跟她说，
保证有奇效。

老师身体不好的时候，
是做贴心棉袄的最佳时期。
你要看出来她身体不舒服，
还要告诉她多喝水，多休息。

这本通用手册，请你反复阅读，

不同的老师还有不同的招数，

你也要学会变招。

愿你和小学老师一起共度

美好的小学时光。

一个"了不起"的故事
——图画书《山姆和大卫去挖洞》讲述手记

　　《山姆和大卫去挖洞》是由美国的麦克·巴内特撰文，乔恩·克拉森绘图的。山姆和大卫是两个男孩儿的名字，很美国。封面上，他们手执铁锹，站在一个直直的深深的洞底。

　　打开封面，就是图画书的前环衬，是橙红的彩页，既没有图案，也没有花纹。图画书的故事，往往是从前环衬开始的。这本图画书就在用环衬的颜色传达故事的情绪。

　　我问学生："这是什么颜色？这种颜色给你带来什么感觉？"

　　"暗红色！""褐红色！"学生们纷纷说道。

　　"这是介于红与黄之间的橙红色，它会带给你什么感觉？"我追问。

　　"热情！""明亮！""温暖！""喜气！"我总结他们的意思："这个故事的前环衬，其实是在告诉我们两个男孩儿去挖洞的情绪，他们兴致勃勃地出发，满怀着憧憬与热情。"

　　山姆和大卫为什么要挖洞呢？书上说："我们要一直挖，直到找到了不起的东西为止。"于是，这两个孩子一直挖，往下挖，朝另一个方向挖，分头挖，重新朝下挖，继续往下挖，直到再也挖不动，只好坐下来休息。他们睡着了，而他们的小狗却嗅到了地下的肉骨头气味，往下刨。地层破了，两个孩子往下掉，最后掉到了地上，然后他们回到家里，喝巧克力牛奶，吃动物饼干去了。

　　我把图画书里的文字读给孩子们听。随着故事的推进，看似平淡无奇的文字，却引得孩子们发出一阵阵的惊呼和叹惋声。是什么原因呢？孩子们从图中看到了藏在地下的大大小小的钻石。最夸张的一次，钻石的图几乎占领了接排的两个页面。然而，故事中的两个孩子却浑然不觉。他们一次次与地下的钻石错过。

在讲述故事的过程中，我没有问学生一个问题，任由他们"啊啊"地惊呼。讲完故事后，我问了三个问题。

第一个问题：两个孩子为什么要挖洞？答案其实非常简单，为了找到"了不起"的东西。可能很多孩子都有过这样的经历，看到一块地就有想挖开的冲动。地下事物的未知和不确定性，对很多孩子是很有吸引力的。

第二个问题：在这本图画书里，你看到了多少"了不起"的东西？理解能力弱的孩子，能看到一些表面的"了不起"：埋在地下的大大小小的钻石，就是世俗人眼里"了不起"的宝贝；在狗狗眼里，肉骨头就是"了不起"的东西；故事中的小狗也很"了不起"，它一直朝着钻石的方向张望。两个男孩儿往下掉，往下掉，最后掉到了地上，这也是不可思议的——这部分内容，显然是两个孩子睡梦中的境遇。

理解能力强的孩子，则能看到更多隐含在文字背后"了不起"的情感与思想：两个孩子根本不知道能挖出什么来，只是想寻找"了不起"的东西。有这样一份拥抱未知和勇敢上路的热情，是"了不起"的；他们能一直挖，变换方式挖，变换方向挖，总之，这份坚持也是"了不起"的；在挖的过程中，他们什么也没找到，却不互相抱怨、互相责怪，这份友谊也是"了不起"的……

我对学生们的发言很满意，但还想让他们再走进故事一点儿，于是请学生回读文中山姆和大卫掉到地上时的对话——

"哇！"山姆说。

"哇！"大卫说。

"真是了不起。"

读到这里，学生们忍不住笑了。也许他们在为两个孩子的单纯而笑。这两个孩子双手空空地回家，依然兴高采烈，这样的"单纯"实在是"了不起"。

然而，他们真的是双手空空地回家了吗？"不是的，他们在挖洞过程中所有的经历和体验，都是一笔了不起的财富。"有学生说。

至此，我抛出了第三个问题：如果让你给这本图画书设计后环衬的颜色，你会设计成什么颜色？

有学生说是橙红色，他觉得这两个孩子乘兴而去，兴尽而归，以后还会兴高采烈地出发去挖洞；有学生说是天蓝色，她觉得这两个孩子的心胸像海和天一样宽广；有学生说是白色，这样可以表现出两个孩子的单纯；有学生说是紫色，因为经历了挖洞之后，两个孩子会成长，会成熟，紫色是成熟的标志……

孩子们的发言让我感到欣喜，我把图画书翻到了最后一页，让他们看作者设计的颜色：是绿色，不是翠绿，不是嫩绿，而是那种淡淡的绿。作者想借着这样的颜色，表达两个孩子回家后的什么情绪呢？心平气和。是的，一个人，一个故事，最后的结局往往是回家——家，是出发的地方，也是回归的地方，起点就是终点。

故事讲完了，这个故事能给孩子们留下些什么，我不能确定。但我能够确定的是，这个故事影响了我。我是在 2016 年年初读到这个故事的。那一年，我做出了一个重要的决定：离开原先的学校，跑到一所离家很远的学校去开始新的征途。在此之前，我从来没有想过要重新出发——对一个"奔五"的妇女来说，似乎安稳是压倒一切的大事。然而，当这个机会来临时，我做出了出发的决定。冥冥之中，也许是这个故事给了我力量。在向学校领导提交的辞职申请书里，我说，我不知道我换一所学校，能不能找到我所期待的"了不起"的东西，但我愿意像山姆和大卫那样，满怀热情地去挖洞，坚持去挖。哪怕什么也挖不到，我也不会埋怨我的同行者；哪怕什么也没挖到，我也要像山姆和大卫那样，心平气和地回家。至少，我梦想过，期待过，也坚持过。

也许，这本身就是一件了不起的事情，所以，我要感谢这个了不起的故事。

星斗有望，泥土有根

让诗性之光穿透教育的雾霾

毫无疑问，雾霾已经成为当下中国社会的热点话题，引发了广泛的关注与讨论。

精神雾霾·教育雾霾

然而，还有另一种雾霾——精神上的雾霾，远没有引起人们的高度重视。语言的垃圾，尤其是空话、假话、官话让人的精神向度呈现出令人担忧的局面。作家王小妮在海南大学人文传播学院上了几年课，写了一本书《上课记》，记录了大学生们的学习与思想状况。在前言部分，她提醒我们：一个人跳了楼，能震动一时，人们叹息十分钟后，生活还要继续。真正可怕和被忽略的往往是所有人都在悬空下坠的状态中而不觉……

教育领域同样受到了精神雾霾的侵袭。我生活在一个三线小县城。在我住的小区的电梯里能见到各种各样的广告。有一次，我看到这样一则教育广告——"九天时间彻底解决孩子的写作问题"。这则关于"陶氏灵感学习法"的广告，让人看后不觉哑然失笑。这样的广告语会有人信吗？然而，它的病灶并不只在于这个培训机构，而在于教育的内部。有些人将生命个体当作机器，给孩子提供的是程式化的、封闭的、没有情感和温度的教育。这与儿童需要的文化是完全相悖的，儿童需要的是爱的文化、美的文化和游戏的文化。

泰戈尔在他的《新月集》里写下了这样的诗——

孩子有成堆的黄金与珠子，但他到这个世界上来，却像一个乞丐。

他所以这样假装了来，并不是没有缘故。

这个可爱的小小的裸着身体的乞丐，所以假装着完全无助的样子，是想要乞求妈妈的爱的财富。①

　　每每读到这样的句子，我总是觉得心疼：我们有多少教育是在让孩子掏出衣兜里的宝石来换取巫婆手中的玻璃球啊!

诗歌，让舌头得救

　　众所周知，诗性文化最重视的是个体的情感体验，诗歌中的精神是人类情感中最鲜亮、最纯粹、最炽烈的，也许它们可以给我们的教育带来一些生机。

　　诗歌有什么用？爱尔兰诗人谢默斯·希尼在《舌头的管辖》一文中写道："在某种意义上，诗歌的功效等于零——从来没有一首诗阻止过一辆坦克。在另一种意义上，它是无限的。"②

　　"零或者一切"，这就是诗歌的特质。诗歌作为语言的最高级形式，是对美的一种极致追求。美有什么用？饥不可以食，寒不可以衣，从某种意义上讲，它是零，然而，它又是一切——不管社会如何变迁，人类从来不曾停止过对美的向往与追求。曾饱受牢狱之灾的人文学者商友敬先生这样回忆自己对诗的迷恋，他说，把诗句常常含在嘴里，如橄榄般的甘涩而有余味，不知不觉中，在心里播下了诗的种子——播下种子，并非一定为了写诗或者成为诗人，而是心中有了绿色的"诗意"。困顿中的他真正感悟到了诗的穿透力有多强——它们穿透了水泥墙与铁窗，点缀了他的灰色生涯。2017年《中国诗词大会》节目上，来自河北省邢台市南和县郝桥乡的选手白茹云，在困苦和病痛面前，还能笑着展现自己对诗词的热爱，这种从诗中汲取的力量和对生活的信念，便是诗的真意。

　　诗歌篇幅短小，内容精练，朗朗上口。很多民族的祖先都不约而同地选择了诗歌作为母语最初的文学形式。好的诗歌就像蒲公英的种子一样，随风飘荡，随处扎根，具有永恒的魅力。

---

① 泰戈尔.泰戈尔诗精选 [M].郑振铎，冰心，译.北京：华文出版社，2005：34.
② 希尼.希尼散文三篇 [J].黄灿然，译.世界文学，1996（2）：25.

童年是一个人一生的根基与核心——如同树木一样，那最初的岁月被记录在年轮的最核心处，后来的岁月则围绕着它一圈一圈地生长。童年时代学会的东西，会永远潜藏在我们的身心，持续影响我们的一生。一个经常诵读诗歌的儿童，他的心中必然拥有更多的天真、单纯、爱与神圣。他观察周围的世界，看待自己的生活，会有一层美丽的光晕，保有这样的"赤子之心"，也意味着他的生命底色会十分美丽。

点亮诗性之光

目前，无论哪个版本的语文教材都难以满足学生对诗歌的需求。培养学生的诗性，需要量的积累和质的提升。语文老师要做的第一件事，便是寻找好的诗歌提供给学生诵读。

我给小学生编选的诗歌分为两大板块：古诗词和现代诗。为什么一定要选古诗词呢？从本质上讲，古诗词属于农耕时代，是那个时代孕育出来的慢节奏和慢文化，就像木心写的《从前慢》那样。我们现在站在现代文明的土地上，是需要回望我们的来时路的，我们祖先的血液里曾流淌着那样的基因。那平平仄仄的旧时月色，既可以教人沉静，也可以教人深情。

给孩子编选的现代诗中，儿童诗需要占很大的比重。意大利哲学家维科提出，诗性智慧是人类原初状态所具有的一种思维方式，是强旺的感受力和生动的想象力的结晶。确实，想象力是诗歌的翅膀，尤其是在儿童诗里，顾城可以在"大地上画满窗子"，王宜振的初春里，毛毛雨滋润下的"一些新芽，像鸟嘴，啄得小树发痒"——这些闪闪发亮的句子，无一不是想象力飞扬的结晶。

好的儿童诗，内容简单、清浅，又不失童真与童趣，能带给孩子一种自发的快乐。如谢武彰的这首《着急的锅子》：

吃午饭的时候到了 / 菜却没煮好 / 弟弟等得好急了 / 妹妹等得好急了 / 小猫等得好急了

只有妈妈最辛苦了 / 还不停地忙着 / 急得脸上都是汗 / 我赶紧来帮忙

打开锅子一看 / 呀！锅子也急坏了 / 它也满头大汗呢

"呀！锅子也急坏了，它也满头大汗呢"——作者把锅沿的水蒸气说成"满头大汗"，并且与"急"相对应，简直令人叫绝。相信每个孩子读到这个地方都会笑，这是智慧的灵光相碰撞的会心而笑。

又如雪野的这首《春草》：

如打了个盹儿 / 冬天的床上 / 小草醒了

醒了 / 便不再安宁 / 顶一二片小叶帽儿 / 直挺挺 / 从土被子里 / 站 / 起 / 来

就好像约好了似的 / 小草们都起来了 / 从山那边 / 到山这边 / 滚过来 / 这一阵 / 绿笼笼的声响

像这样的中国儿童诗，精致、含蓄、唯美，语言又有音乐性、可感性，中国元素浓郁；而外国的现代诗，往往胜在诗的思想与情怀上，有些诗虽不是专为儿童而写，却特别有力量。我想，我们的孩子，除了读描写花、草、猫、狗和蟋蟀、小溪等具体事物的诗之外，还应该读点儿别的诗。关于儿童精神哲学，《人民教育》杂志的记者对刘晓东先生有一个访谈，我同意他在访谈中提到的一个观点：

儿童欢迎那些尊重他们的教师，欢迎那些与他们交朋友的教师，欢迎教师进入他们的世界，但是儿童本身又有成长的愿望，有认识成人世界、进入成人世界的愿望。所以，一味蹲下来与儿童平视，儿童未必欢迎。儿童欢迎的是那种与他们平视但又随时能够站起来，展示成人强大力量和多彩而厚重的成人世界的那种教师。①

所以，我愿意选择这样一些能引领孩子长大的诗。如这首英国诗人布莱克的《老虎》：

老虎！老虎！你金色辉煌，火似的照亮黑夜的林莽，什么样超凡的手和眼睛能塑造你这可怕的匀称？……（宋雪亭 译）

又如智利诗人聂鲁达的《如果白昼落进……》：

---

① 朱哲.童年的意义：访南京师范大学教授刘晓东 [J].人民教育，2014（11）：15.

每个白昼 / 都要落进黑沉沉的夜 / 像有那么一口井 / 锁住了光明

必须坐在 / 黑洞洞的井口 / 要很有耐心 / 打捞掉落下去的光明（陈光孚　译）

再如美国诗人狄金森的《要造就一片草原……》：

要造就一片草原 / 只需一株苜蓿一只蜂 / 一株苜蓿 / 一只蜂 / 再加上白日梦

有白日梦也就够了 / 如果找不到蜂（江枫　译）

当然，选用外国诗时要特别注意译本。只要是好诗，只要是恰当的语言、恰当的情感，孩子都可以读。我曾为小学高年段的学生选编过以爱情为主题的诗，选了舒婷的《致橡树》、木心的《从前慢》、罗伊·克里夫特的《爱》和叶芝的《当你老了》。我觉得一个孩子读过什么样的诗，和他以后成为一个什么样的人，做什么样的事，怎样活在这个世界上，一定有它的逻辑关系在里面。

日日诵，日日新。选好了诗歌该怎么用？我倡导诵读，只读不讲，或者多读少讲。美国桂冠诗人比利·柯林斯在他的《诗歌介绍》里说，他们只想拿绳索将诗捆在椅子上，给它来个屈打成招。他们开始用软管抽它，想弄清它的真正含义。

确实，教师对诗歌做开膛破肚式的分析，会破坏学生的阅读体验，伤害孩子对诗的感觉。像张晓风的这首诗《打翻了》：

太阳打翻了 / 金红霞流遍了西天 / 月亮打翻了 / 白水银一直淌到我床前

春天打翻了 / 滚得漫山遍野的花 / 花儿打翻了 / 滴得到处都是清香

清香打翻了 / 散成一队队的风 / 风儿打翻了 / 飘入我小小沉沉的梦

教师真的不能讲，不可讲，一讲就破，怎么解释都说不好，怎么解释都有画蛇添足之感。这首诗特有的节奏感与音乐感，需要学生直接用声音来感觉、品味。对这样的诗歌，教师往往要做群鸟中那只领唱的鸟，直接用自己的声音来带动学生，感染学生。而在轻轻的吟哦中，诗歌中的词语可以很快地化为学生自己的一种难以言说的美妙感觉。

一般来讲，学校会给语文老师安排晨读时间。我很少让学生在晨读时间读课文。对有的老师天天让学生读课文，甚至连《水上飞机》这样的说明文也要学生读个滚瓜烂熟，我是有意见的。作为教师，我们必须知道一些字是用眼睛来了解的，一些字是用心来看的，而另外一些字是需要出声诵读的。在每个黎明，我让学生诵读的那些诗文一定是有节奏、有韵律的，可吟哦、可朗诵的。

关于古诗词教学，教师除了让学生诵读之外，让学生抄诗也是学诗的一大法宝。就是这么简单，读读，抄抄，背背。如果赏读时学生需要教师讲，我会讲好，讲透，尽力让学生听懂。

诗歌之光照亮突然醒来的人。悟诗，需要时机。先来看一个案例。对诗人纪弦的《你的名字》，常丽华老师是怎么教的呢？

用了世界上最轻最轻的声音，轻轻地唤你的名字每夜每夜。

写你的名字。画你的名字。而梦见的是你的发光的名字：

如日，如星，你的名字。如灯，如钻石，你的名字。如缤纷的火花，如闪电，你的名字。如原始森林的燃烧，你的名字。

刻你的名字！刻你的名字在树上。刻你的名字在不凋的生命树上。

当这植物长成了参天的古木时，啊啊，多好，多好，你的名字也大起来。

大起来了，你的名字。亮起来了，你的名字。于是，轻轻轻轻轻轻轻地呼唤你的名字。[①]

常老师在班上带学生诵读这首诗。她将"你的名字"换成"你们的名字"，于是"轻轻轻轻轻轻轻地呼唤你们的名字"。孩子们或笑，或答，或点头，或轻嗯。一个孩子说，当他听到老师叫他的名字时，他有一种奇怪的感觉。他说他也不知道是激动还是感动，反正，他第一次感到自己的名字是那么好听。

我也有一些例子。这是我 2014 届毕业生张羽桀同学在五年级上学期写的一则微博体日记——

12 月 11 日　星期三　天气晴

今天，体育课快结束时，发生了意外"事故"。我和"小橙子"正谈笑风生时，突然，一个排球从天而降，重重地砸在我的头上，我差点儿瘫在地

---

① 北岛.给孩子的诗 [M].北京：中信出版社，2014：118-119.

上，疼得眼泪都出来了。一看，是翔哥干的！气死我了！算了！饶了他，因为伟大的人，一颗心流血，另一颗心宽容！

当初带他们读纪伯伦的《沙与沫》时，我怎么也没想到，纪伯伦的诗句会在这样的情境里被激活。还有一次，我们阅读小说《战马》，我让学生用一两句话写下对战争的感言，吴宇昶同学写下的是鲍勃·迪伦的诗："炮弹要发射多少次才会被永远报废？我的朋友，答案就在风中飘。"

我从来没有要求学生写诗，但是我发现他们的笔下，不知不觉地有了鲜活的语言。这是庄雨静同学在一次单元练习中的当堂写作——

刚走进联杨村，一阵微风携着菜花香扑面而来。放眼望去，是一片金色的菜花海洋。走进田埂小路，身体被菜花簇拥着，仿佛淹没在金色里了。微风过处，菜花摇动枝叶，与飞过的蝴蝶共舞。霎时，菜花田上涌起金色的浪涛。我站在那儿，自己好像也变成了一朵菜花，摇动着铃铛般的小花，摇出了叮叮当当的春天。

我的样子，你的样子。人到中年，我越来越喜欢胡适先生的改良主义主张：日拱一卒，得寸进寸。如果你遇到了教育困境，作为一个有良知的教育工作者，你需要做点儿什么，应该做点儿什么。埋怨是毫无意义的，我相信能解决问题的是行动，哪怕我所做的全无意义，渺小、微弱，甚至是飞蛾扑火。即使它完全是徒劳，我也要让这徒劳发生。总不能什么也不做，任由我们自己和后人随着现实的惯性，被一路推搡着走。

美学家朱光潜先生的座右铭是："此身，此时，此地。"凡此身应该做而且能够做的事，决不推诿给别人；凡此时应该做而且能够做的事，决不推延到将来；凡此地应该做而且能够做的事，决不等待到想象中更好的境地去做。

我会以此勉励自己。

把春天吹得摇摇晃晃
——儿童诗赏析

想一想：从小到大，你打翻过哪些东西？

牛奶、可乐、咖啡、汤……哈，你能想到的都是可以吃的东西嘛！是不是打翻了那些东西让你心疼，或者被爸爸、妈妈说过："这么不小心，又打翻了！"这样的打翻，想起来就很糟糕。

闭上眼睛，请你想一些"神奇"的打翻：要是太阳被打翻了，你会看到怎样的情形？要是月亮被打翻了呢？睁开眼睛，请你读一些"神奇"的打翻。

打翻了
张晓风

太阳打翻了，

金红霞流遍了西天。

月亮打翻了，

白水银一直淌到我床前。

春天打翻了，

滚得漫山遍野的花。

花儿打翻了，

滴得到处都是清香。

清香打翻了，

散成一队队的风。

风儿打翻了，

飘入我小小沉沉的梦。

原来东西被打翻了也可以这样美好哦！读完这首小诗，你不禁要惊叹作者的想象力了吧。在作者的笔下什么东西被打翻了呢？是太阳、月亮、春天、花儿、清香，还有风儿。按照常理，这些东西怎么会被打翻呢？诗歌就是这样不按常理出牌的。可你说它不按常理吧，又合着常理：太阳下山时，金红霞染红了西天；如水的月光透过窗子，照到了床前；春天来了，漫山遍野的花儿都在风儿的抚摸下盛开了……被打翻的东西常常是液体状的，所以诗人选用的动词也跟液体有关，比如"流""淌""滚""滴"。作者的眼睛里全是美，美在她的想象中孕育发芽，进而长成了这样灵动的诗。

这首《打翻了》具有很强的音乐性和节奏感，"打翻了"不断地出现，就像一首歌中的副歌一样。一次次地"打翻了"，读着就像见老朋友一样亲切。你还可以发现，这首诗中后半部分写到的内容，"花儿→清香→风→梦"，一句顶着一句，就像一环套着一环的链条一样紧紧相连。

这是一首适合反复出声朗读的诗，既可以高声地诵读，也可以轻轻地吟哦；既可以一个人一气呵成地往下读，感受诗歌的流畅与顺达，也可以两个人对读，体会诗歌的对称与节奏。

把诗读到心上，就让这样的诗陪伴你进入小小沉沉的梦吧！

《金鱼》真是一首奇妙的诗。我第一次看到这首诗的题目时，以为它是一首动物诗。

金　鱼
林　良

玻璃缸拘束了水。
水限制了你
活动的区域。
你像一首格律诗，
更像唐人的绝句，
在重重的束缚里
游出了

种种的水舞。

我说呀，金鱼，
你的存在方式也
就是
诗的存在方式：
只有心寂静像
客厅寂静，
我们才能读诗
像看金鱼。

读完了，琢磨琢磨，作者是在写金鱼吗？显然不是。他是用在玻璃缸里游的金鱼告诉我们什么是诗，怎样读诗，还告诉我们，应当以怎样的性情和心境去体验丰富多彩的生活。

作者是如何把金鱼和诗联系起来的呢？诗是最讲究形式的，尤其是古代的格律诗，那真是"戴着镣铐跳舞"。但对技能娴熟的诗人来说，却可以在"限制中显示出能手，只有规律能给我自由"（歌德语）。这就好比金鱼，可以"在重重的束缚里／游出了／种种的水舞"。

作者观察玻璃缸中的金鱼，想到了诗的存在方式，并由此进一步想到读诗的心境——寂静。诗的结尾把读诗和看金鱼联系起来，既新鲜又充满情趣。

林良先生的诗，就如那"游出了种种的水舞"的金鱼。我们读他的诗，常常会让心"寂静"下来，就像这首《蘑菇》，请你轻轻读一读：

蘑　菇
林　良

蘑菇是
　　寂寞的小亭子。
只有雨天
　　青蛙才来躲雨。

晴天青蛙走了，

　　亭子里冷冷清清。

奇怪的诗？奇在哪里，怪在哪里？先别问，赶紧读。

门框上有首奇怪的诗
李少白

你是不是也想站近比一比

哈！读到这里

多么有趣

瞧这没写完的小诗

…………

——这样高，我读四年级

——今天，我九岁了 81—10—1

——八零年"六一"

——七九年春节

——入队了！我一米一

——一九七八年九月一日

门框上写着这样一首小诗

在一个孩子的家里

没读懂？不可能！从头再读一遍。

还没读懂？哈哈，你上当了。这首诗要倒着读的。从下往上，再读一遍。这回懂了吧。

你家的门框上有这样的小诗吗？或者这样的小诗，你是否也刻在家里的某一堵墙壁上？一道道横线，是一个孩子一天天朝前走的印记。比画着，刻写着，小小少年渐长高。再读一遍，是不是越来越有感觉了？

要说这首诗奇怪的地方，就是它的形式。作者用一道道横线并且是倒叙的方式，让文字描述的意思直接外显出来。这种诗我们叫它"图像诗"。

图像诗是诗歌的一种特殊类型。它在诗歌原有形式的基础上融合了绘画艺术的表现手法，使我们在理解意义的同时，得到形象的视觉享受，加深了对诗的理解。这种独特的文字排列，并不是为形式而形式的简单比附，而是可以强化读者想象和感受的诗的修辞。

　　我们再来读读詹冰的这首《山路上的蚂蚁》——

山路上的蚂蚁

詹　冰

蚂蚁蚂蚁　蝗虫的大腿　蚂蚁蚂蚁蚂蚁蚂蚁蚂蚁蚂蚁蚂蚁蚂蚁蚂蚁蚂蚁

蚂蚁蚂蚁　蜻蜓的眼睛　蚂蚁蚂蚁蚂蚁蚂蚁蚂蚁蚂蚁蚂蚁蚂蚁蚂蚁蚂蚁

蚂蚁蚂蚁　蝴蝶的翅膀　蚂蚁蚂蚁蚂蚁蚂蚁蚂蚁蚂蚁蚂蚁蚂蚁蚂蚁蚂蚁

　　其实，图像诗是要看的，你发现了什么呢？

　　你知道锚是用来干什么的吗？注意看，这是金字旁的"锚"，不是反犬旁的"猫"。

　　"锚"是船停泊时使用的设备，一般用钢或铁制成，形状像一只巨型的爪。锚的一头用铁链连在船上，船停泊时，人把锚抛入水中，巨爪就牢牢地"抓"住河底的泥土，使船停泊在预定的位置上。

　　知道了锚是什么，可以用来干什么，我们再来读一读著名诗人艾青写的短诗《盼望》。

盼　望

艾　青

一个海员说，

他最喜欢的是起锚所激起的

那一片洁白的浪花……

一个海员说,

最使他高兴的是抛锚所发出的

那一阵铁链的喧哗……

一个盼望出发

一个盼望到达

读一遍不够,再读一遍。你读懂了"起锚"和"抛锚"的含义了吗?

"起锚"意味着出航,意味着开始;"抛锚"意味着返航,意味着凯旋和航程的结束。诗人写得多好啊,"有色有声",起锚时激起的那一片白色的浪花和抛锚时发出的那一阵铁链的喧哗,在视觉和听觉上带给我们艺术上的享受。读诗歌是需要想象的,在想象的世界里,我们能看得到,也能听得到。

这两个海员的盼望不一样,让我们来猜一猜他们为什么会有这样的盼望。

盼望起锚的那个海员,也许在家里待久了,很想到外面去呼吸一点儿新鲜的空气,于是憧憬着出发,想象着航行路上有很多美丽的风景在等待他;盼望抛锚的那个海员,也许这段旅程经历了很多的风浪,好不容易归航了,很惦念亲人,想着马上就可以看到他们,呼吸到家的味道,心里特别高兴。我们再接着往下想,那个盼望抛锚的海员在家里待久了,会不会又盼望起锚呢?

当然,这只是我们的联想。读诗需要学会联想。我们在成长的路上也会不断地"起锚""抛锚",回环往复,我们的生活因此变得更丰富多彩。

也许你还不能全部读懂它,不要紧,如果你能背下来就很了不起了,以后可以慢慢地读懂它。

设想一下:你去郊游,眼前出现了两条路,其中一条路看起来走的人少一些,你会选择走哪一条路?

美国诗人弗罗斯特，做出了怎样的选择呢？我们来读一读。

未选择的路

[美国] 弗罗斯特　顾子欣　译

黄色的树林里分出两条路，
可惜我不能同时去涉足，
我在那路口久久伫立，
我向着一条路极目望去，
直到它消失在丛林深处。

但我却选了另外一条路，
它荒草萋萋，十分幽寂，
显得更诱人，更美丽，
虽然在这条小路上，
很少留下旅人的足迹。

那天清晨落叶满地，
两条路都未曾经脚印污染。
啊，留下一条路等改日再见！
但我知道路径绵延无尽头，
恐怕我难以再回返。

也许多少年后在某个地方，
我将轻声叹息将往事回顾：
一片树林里分出两条路——
而我选择了人迹更少的一条，
从此决定了我一生的道路。

哦，原来他选择了一条人迹更少的路，理由是"它荒草萋萋，十分幽寂，显得更诱人，更美丽"。为了追寻"荒草"里藏着的风景，或许你和他一样，也会选择那条人迹更少的路。

其实，如果纯粹是郊游，完全可以留下一条路来日再涉足。可诗人说，"路径绵延无尽头"，最后一句"从此决定了我一生的道路"，就说得更明白了——显然作者说的"路"是指人生之路。

了解作者的生活历程，也许可以帮助我们更好地理解这首诗。1912 年，弗罗斯特 38 岁，这一年他做出了人生中重要的选择。他和妻子卖掉了祖父留给他的农场，放弃了在师范学校教书的安稳生活，来到了英国，找了个僻静的、有利于写诗的环境生活。他对自己说："写诗吧，穷就穷吧。"诗人选择的写诗这条路，无疑是"荒草萋萋，十分幽寂"的。后来，弗罗斯特成了著名的诗人。

读这首诗，你一定要听到作者那声轻轻的叹息：哦——选择了这条路，看到了这样一番景象；如果选择那条路，又将会出现完全不同的景象吧？无所谓对错，只是不同的选择会出现不同的风光。从诗歌的题目"未选择的路"亦可见作者的心绪。这便是矛盾的美。

这样的诗是用智慧而不是用激情来写的。其中的哲思，通俗而丰富，值得人们反复咀嚼。

你吃过柠檬吗？柠檬是什么味道的呢？

你切过柠檬吗？你看到切出来的一片片柠檬是什么样子的呢？

有人说柠檬一定是想到远方去，你是不是觉得诧异呢？别奇怪，一起来读日本的畑地良子写的《柠檬》。

柠 檬

[日本] 畑地良子　朱自强　译

柠檬
一定是想到远方去。

薄薄地切一切，

就会明白柠檬的心。

薄薄地切一切，
滚出来好多个车轮。

散发着好闻的香味儿，
车轮，车轮，车轮。

柠檬
一定是想到远方去！

这下，你服气了吧。既然柠檬的心里藏着这么多的"车轮"，它一定是想到远方去了。作者在诗歌的首尾两节，运用了同句反复。仔细看：句子相同，标点是有区别的。开头用的是句号，表达了作者的猜想；结尾用的是感叹号：切一切，看一看，确证了想法，加强了语气。

这首小诗对意象的运用，十分机巧。"意象"是什么东西呢？小时候我们读儿歌："小西瓜，圆溜溜，红瓤黑子在里头。瓜瓤吃，瓜皮丢，瓜子留着送朋友。"这首儿歌中的"小西瓜"，就是生活中的小西瓜，是直接而具体的"形象"。而在这首诗里，柠檬就不是一个简单的"形象"，而是一个"意象"了。它不再是纯粹的生活中吃的水果柠檬，而是融合了作者感情与思想的寄托物。它融入了作者个人的思想和独特的体验："柠檬一定是想到远方去！"这个"柠檬"的形象寄托着作者的情意，因此它就成了一个"意象"。

很多诗人善于运用意象，寄情于物，托物言志。这样的诗就有广阔的空间和回味的余地。阅读诗的过程就成了品味诗的过程，让人愉悦。按这种说法，你能不能选择一种事物，利用它的特性，赋予你的情感，使之成为一个意象，创作一首小诗呢？别怕，畑地良子能切柠檬，你至少可以切苹果啊！

火车轩昂的车头一声高啸，一节节的车厢铿铿跟进，铁轨与枕木撞击的咔嗒咔嗒声不绝于耳——或悦耳，或单调。火车会让人想起很多事情。坐过火车的人，一般对车身进隧道时的感觉难以忘怀，仿佛陷进了深渊，愈陷愈深。在黑暗中紧闭双目，过一段时间后，蓦地开朗，你又重见白昼，等到了山另一头的光明。平行的双轨似大手把你接往熟悉或未知的地方……

余光中先生是大学教授。课余他写诗、写论文、写评论、编书，还翻译了很多作品。他自己的诗有古色古香的格调，很雅致，很耐读。他写过不少关于火车的诗，也译过几首关于火车的诗，他很喜欢土耳其诗人塔朗吉的《火车》。

火　车

[土耳其] 塔朗吉　余光中　译

去什么地方呢？这么晚了，
美丽的火车，孤独的火车。
凄苦是你汽笛的声音，
令人记起了许多事情。

为什么我不该挥舞手巾呢？
乘客多少都跟我有亲。
去吧，但愿你一路平安，
桥都坚固，隧道都光明。

这首《火车》应该算是大人的诗，它的味道不像儿童诗那样甜，读起来也没有那么有趣。读着它，有点儿咸，甚至有点儿苦。孩子尤其是大孩子应该适当读点儿大人的诗，大人的诗特有的那种钙质，会让孩子们的牙口坚硬，筋骨硬朗。

这首诗看起来很简单，第一节似乎在说一列火车在很晚的时候出发了。"凄苦是你汽笛的声音"，为什么汽笛的声音听起来凄苦呢？"什么地方""这么晚""孤独"，这些字眼给读者营造了一种"凄苦"的意境。

诗的第二节，孩子理解起来可能有些困难。为什么"我"要挥舞手巾呢？诗中说"乘客多少都跟我有亲"。大家可以理解为火车上的某个人或某些人跟"我"有亲，但怎么会每个乘客都跟"我"有亲呢？要理解它，你必须明白，整个人类乃至于整个世界都是有关联的，谁也不是孤立的存在，哪怕是异国他乡的一只蝴蝶，跟"我"也是有关系的。因而"我"要关心每一个，惦记每一个，挥舞手巾祝福每一个——"去吧，但愿你一路平安"。当你读到"桥都坚固，隧道都光明"的时候，是不是会"记起了许多事情"？会不会涌起一种难以言说的情绪，而愿意一遍遍地诵读"去吧，但愿你一路平安，桥都坚固，隧道都光明"？

这是一种大情怀。当我们学会用这样开阔的心态去读诗、看世界的时候，我们就拥有了深刻，拥有了内涵。

古诗赏读《枫桥夜泊》教学手记

[背景说明]

　　2011 年 8 月 15 日，苏州·台北中华经典诗文诵读比赛在苏州举办。这是一个系列活动，其中就包括古诗文教学的研讨活动。我在这次活动中执教了《枫桥夜泊》的赏读课，听讲的学生既有苏州的，也有台北的，上课的目的是帮助学生了解苏州的物产，对苏州的风物及文化产生兴趣。我紧紧扣住诗眼"愁"字，带领学生赏读《枫桥夜泊》，体会诗人的情感是如何在其所见、所闻、所感中表现出来的；在想象与感受中进入诗境，借助古诗今唱①与古诗名译②，体会文化的传承与创新。

[教学手记]

姑苏游子的惦念：莼鲈之思

　　一方水土出一方物产，一方物产养一方人。长沙人爱辣，无锡人喜甜；北方人爱吃面食，南方人爱喝粥、汤。每个地方都有独特的物产。

　　我启发学生聊聊自己家乡的物产，说说自己最喜欢吃的一种食物。因为一个人对故乡、故土的怀念往往源于故乡的食物对胃的召唤。

　　苏州是个水城，水多自然鱼多。我出示了鲈鱼和莼菜的图片，让学生认一认，然后请学生朗读《姑苏食话》一书对鲈鱼和莼菜的介绍文字：鲈鱼，体有黑斑，口大鳞细，鳍坚硬。肉白如雪不腥，味美肉紧，以松江四腮鲈鱼

---

① 古诗今唱，指的是当代的词作者把古诗改编成歌词，吸收古诗的元素，让它成为今天的人喜欢的歌词，如《涛声依旧》。
② 古诗名译，指的是优秀的作家以诗译诗，把古诗翻译成现代诗。

为最。莼菜，水生草本植物，主产于太湖流域。嫩茎及幼叶外附透明胶汁，做汤入口润滑，以吴江庞山湖所产紫背莼菜为最佳。

把味美肉紧的鲈鱼和入口润滑的莼菜放在一起，做出的莼菜鲈鱼羹好吃到什么程度？西晋时候，吴郡人张翰在洛阳做官，因见西风起，禁不住吟了一首《思吴江歌》。

思吴江歌 ①

[西晋] 张翰

秋风起兮佳景时，
吴江水兮鲈正肥。
三千里兮家未归，
恨难得兮仰天悲。

我用吴方言吟唱这首《思吴江歌》时，全场都是安静的。声音是有魔力的，这个时候古人与今人、老师与学生、台北与苏州，都凭借声音融进了诗境和诗情里。

让张翰念念不忘的是什么？是家乡的鲈鱼。在《晋书·张翰传》里，有这样一个小故事，我请学生朗读：

翰因见秋风起，乃思吴中菰菜、莼羹、鲈鱼脍，曰："人生贵得适志，何能羁宦数千里以要名爵乎！"遂命驾而归。

这段话在讲什么？讲的是张翰在洛阳为异客，因思莼鲈羹，弃官归隐回到吴江，后来"莼鲈之思"就成为思乡的代名词了。

无独有偶，唐朝有个诗人也曾在苏州城外经历了一个不眠之夜，写下了一首传诵千古的七绝，让苏州城外一座普普通通的石拱桥，成了一处著名的景点。

---

① 王稼句.姑苏食话 [M].苏州：苏州大学出版社，2004：47.

姑苏城外的经典：一首诗，一处景，一支歌

《枫桥夜泊》这首诗很多书法家写过，我选择了借助俞樾的碑文展示这首诗。清代江苏巡抚陈夔龙重修寒山寺时，请俞樾手书《枫桥夜泊》石碑，这是寒山寺历史上第三块《枫桥夜泊》石碑。前两块分别为宋代的王珪和明代的文徵明所书，因年代久远，或毁于战乱，或漫漶于荒草瓦砾之间，几无辨认。写此碑之时，俞樾已86岁高龄，但从碑文看依然章法稳重，笔意浑圆。学生对这首古诗并不陌生，让他们看着俞樾的碑文朗读这首诗，既有古意，又有新鲜感，同时还能欣赏书法。

人有眼睛，人的眼睛会流露人的情感；诗也有眼睛，诗的眼睛会流露出作者的情感。我请学生在这首诗中找出哪个词是它的眼睛，表露了整首诗的情绪。学生很快找出了"愁"字。我请他们在这个字上加上圈圈，并根据诗的内容，猜想作者因何而愁。孩子们从诗中找出作者是因为思乡而愁——"客船"两字说明诗人作客他乡，远离亲人。思乡是古诗词中常见的主题。当然，关于张继写作《枫桥夜泊》的原因，有人说是他赴京赶考失利，路过姑苏城在此停泊，自觉前途渺茫而写作此诗，但我没有查到足够的资料证实这一点。

关于唐朝诗人张继，我曾经问过不少朋友，他还有哪些诗，几乎每个人都只能说出这首《枫桥夜泊》。因此说他以一诗成名，一点儿也不为过。那么，这首诗为什么能穿越千年的历史成为经典之作呢？它的过人之处在哪里？我请学生独立阅读，从阅读中发现作者是怎样通过所见、所闻、所感将自身的愁绪传达给读者的？

学生批注诗五分钟后做了交流，在交流中我相机点拨："'月落'，月亮落下去，天快亮了，这个词点明了时间，和最后一句的'夜半'联系起来，我们可以看出作者将生活中发生事件的次序做了调整，将天快亮时最后发生的事放在最前面，从而获得更好的效果——诗人愁得整夜未眠。'江枫'与'霜'，说明已到深秋时节。何为'愁'？离人心上秋。秋季本身就容易让人触景生愁。'渔火'，明明灭灭、飘飘摇摇、稀稀落落、星星点点，让人更觉昏暗。'寒山寺'是姑苏城外的名寺，因寺庙的住持寒山和尚而得名，'寒'字让人觉着古寺的凄冷。'客船'，作客他乡，船行水上，随波起落，那种漂

泊感是很容易引发愁绪的。作者所见之景，无不染上了愁绪。而'乌啼'和'钟声'，则是作者所闻之声。'乌啼'是乌鸦的啼叫声，本来就显得悲戚，听到的人自然会产生凉意。"

为了让学生体会"钟声"给作者带来的感觉，我播放了早已录制好的寺庙钟声的音频文件，那种缓缓的、绵延不绝的感觉，既撞在钟上，更撞在听者的心上。这愁绪也像钟声一样绵远悠长，而且夜的寂寥在钟声的衬托下更加突出。

最后，我请学生讨论"霜满天"的含义："你知道霜在哪里吗？你对这首诗的第一句有没有疑问？"遗憾的是，学生对霜的感觉很陌生，有学生说从来没有见过霜，也有学生以为霜就是雾霾。这种情形真是让人哭笑不得。我先给他们普及了一下霜的知识：霜是气温下降到零度以下，水汽在草木或石头上凝结的白色冰晶。由此说来，这句诗应该是"月落乌啼霜满地"，作者为什么要写"霜满天"呢？

矛盾的地方往往就是精彩的地方。"霜满天"并非作者亲眼所见，而是一种感觉：寒意侵袭，从脚而起，漫上全身，诗人觉得好像空气中也有霜。诗人心中有霜，心中有寒，便觉满天是霜。

这个过程，学生讲，我也讲。我从来都觉得，该讲的时候，教师就要大胆地讲，讲好、讲透，让学生有收获。尤其是学生在原地上打转不能往前再走一步的时候，教师就应该站出来。

至此我们可以看到整首诗的诗境与诗情。月亮渐渐地落下去了，林间的乌鸦从睡梦中醒来不时啼叫着。已经到了秋末冬初，地上铺了一层白霜，诗人几乎一夜未眠。寂寞的渔火，凄清的古寺，一轮冷月，几下钟声，独自一人，身处其间的诗人怎能不愁肠百结？我请学生听徐建顺老师（吟诵专家）吟诵的《枫桥夜泊》，并让他们跟着吟唱。

一千多年前的张继写下了这首《枫桥夜泊》，一千多年后有个叫陈小奇的词、曲作家吸收了诗中的养分，创作了一首流行歌曲《涛声依旧》。我播放这首歌曲，让学生边听边寻找：歌中用到了《枫桥夜泊》里的哪些元素？

古诗今译：用旧船票登上新客船

如果说唐诗是一张旧船票的话，那么词、曲作家陈小奇就用他的方式，让《枫桥夜泊》登上了新客船，让这首《涛声依旧》以新的方式传承诗情和文化，表现出汉语的韵律和汉字的魔力。

古诗新唱让古诗焕发出了新的生命，同样，一些优秀的现代诗人也在用他们的方式让古诗拥有新的生机。我出示了绿原改写的《凉州词》，请学生自由朗读几遍，发现其中的妙处。

凉州词

[唐] 王翰

葡萄美酒夜光杯，欲饮琵琶马上催。
醉卧沙场君莫笑，古来征战几人回？

凉州词

绿原

酒，酒，葡萄酒！
杯，杯，夜光杯！
杯满酒香让人饮个醉！
饮呀，饮个醉——
管他马上琵琶狂拨把人催！
要催你尽催，想醉我且醉，
醉了，醉了，我且枕戈睡。
醉睡沙场，谁解个中味？
古来征夫战士几个活着回？

课上到最后，我向学生推荐了课外读物《唐诗名译》，并请学生尝试用这样的方式改写《枫桥夜泊》或其他自己喜欢的古诗。

文学微创作：静水流深

文学创作可以教吗

看到这个话题，大概多数人的反应是摇头："莫言是哪个老师教出来的？作家是教出来的吗？"

你想培养作家吗

静心想想：莫言虽然没有上过几年学，但不等于他没有学习——只不过他的老师"隐身"而已，更不能说文学创作是不可以教的。

汪曾祺写过一篇文章，写他的老师沈从文先生在西南联大时怎样教学生创作。沈先生在西南联大开过三门课：各体文习作、创作实习和中国小说史。汪先生认为，创作不是绝对不能教的，问题是由什么样的人来教，用什么方法教。沈先生教创作主要是让学生"写"，他自己不大会讲，但他会写，可以写给学生看，试验各种各样的文章，还会介绍一些与学生的文章写法近似的中外名家的作品给学生看。汪先生认为这样的做法是值得试一试的。

不过，还是有怀疑的声音：沈先生教的是西南联大的大学生，如果面对的是小学生，恐怕不行。有人甚至会提醒你，教师要实事求是地教学生写一点儿实实在在的东西，而不是让学生虚头巴脑地去学风花雪月的创作。这不能不说是一些人对文学和文学创作的一种误解。张大春先生指出，如果不能以写文章的抱负和期许来锻炼作文，到头来，就是一代人感慨下一代人的思想空疏，语言乏味，见识浅薄。文章的美好、活泼以及启发思维的趣味会被完全抹杀。

我很愿意把小学生学习文学创作和小学生学写字做比较，二者应该说有很多共通之处。书法是一种艺术形式，文学也是一种艺术形式。每个人初学写字时，笔拿不稳，手腕不能自如运用，写的字毛病很多。然而，若略有天资，勤奋用功，多照碑帖临摹，学一点儿规模法度，便可以写出看得过去的字。再进一步，真草隶篆各体都尝试一下，各时代的碑版帖札多读多临摹，汇聚众家之长，可造自家之风。如果还要继续，那就要与成熟的胸襟、学问、修养融成一片。而创作正如写字。最后一个层次，当然是无可教也不可教的；可教且需要教的，则在第二层次和第三层次。

情趣是这样炼成的

我先给大家讲个故事：我们学校有个郭老师，某天早上去食堂吃面，因迫不及待下筷，弄得新衣服沾上了星星点点的油。然后她去教室上晨读课，心想不能让这些油点子白沾上，就在班上给学生讲衣服上油点子的来历，让这些一年级的小学生看她身上的油点子，再来说说这些油点子。

"油点点像雨点。""油点点像豆豆。""油点点像种子。""油点点像眼睛。"

于是，一首小诗就诞生了："油点点，多又多，像豆豆，像种子，像雨点，像眼睛，惹得我们笑不停。"

这位女老师虽被溅了一些油渍，但还能有好心情让孩子看，让孩子说，还创作了一首小诗，诗的词语虽然稚嫩却包孕着文学的萌芽，着实有趣。我常常想：有的人不会写文章，可能是因为他不会做一个有趣的人。什么样的人是有趣的人呢？这里又有一个故事：作家林今开写的一篇散文《包龙眼的纸》，我是在张大春的书《文章自在》上读到的。说的是作者从水果摊买了一斤龙眼，包龙眼的纸上刊载了一篇描写一位老飞行员在台湾的一段见闻的文章，文中盛赞台湾机场的领班工人身着笔挺西服，口操流利英语，风度翩翩地执行搬运任务。林先生认为这种描写与现实不符，便从这张报纸开始访察考证。他上穷碧落下黄泉，一路追究，最后真相大白。林先生的文章写得从容而好看，探寻的过程一点点儿展开，读者完全被吸引了。这样好看的文章首先应该归功于作者的有趣——像林先生那样，对许多不见得有用的事物产生好奇心并加意探索，便是有趣。

2016 年年底，黑龙江卫视播出了一档书信朗读节目《见字如面》，受到了观众的好评。这档节目最有魅力的地方在于它以书信的方式打开历史，带领观众走进鲜活的时代场景，去触碰依然可感的人物情状和社会风物。那些兼具个人情感和时代印记的书信，把淹没在宏大历史叙事里的细节还原了出来，人们读起来情趣横生。一个人经常关注个体和私人的情感，可以渐渐养成良好的表达能力，哪怕是应时的演讲也可以讲得很好。2009 年，柴静参加了一次演讲大赛，那次大赛的主题是"为祖国骄傲，为女性喝彩"，她演讲的题目是"认识的人，了解的事"。她讲了四个小故事，把人、事与细节巧妙地展示了出来，演说中充满了人性的关怀，可以这么说，是文学的元素给她实用的说理增加了感染人心的力量。

做个有情趣的老师，这是教学生学习创作的前提条件。

月亮的光是借来的

要成为好的写作者，我们首先要解决的问题是阅读。有的写作者太自信或者说太盲目，只写不读，那么他的写作就会局限在某个层次上，一辈子可能都是"星星还是那颗星星，月亮还是那个月亮"。学习创作，我们先要阅读优秀的作品，而且在阅读的时候，要设身处地地想：作者是怎么写的，为什么要做出这样的安排。我认为单纯拿一些文学概念去跟小学生讲，既显得标签化、程式化，又毫无效果，当然，也不是说不能跟学生谈文学概念。阿尔贝·雅卡尔在《睡莲的方程式》里提出，任何知识都可以教给任何年龄的学生。学生并不害怕接受概念，他更想知道的是概念是从哪里来的，是否附着在鲜活的个案和形象里。

做《读库》的张立宪老师曾在一次谈学生写作的讲座中，谈到了一个工业术语——"反安装"，就是说在阅读时尝试着去打开这个作品，发现它每个部件的构成，再试着用这样的方法，构造部件，组装成品。

童书出版人郝广才老师长期教孩子写作，他让小朋友模仿李白的《静夜思》写作：

床前明月光，——我看到了什么

疑是地上霜。——感觉它像什么

举头望明月，——我又做了什么

低头思故乡。——产生了什么心理活动和后果

他教的小朋友写得都很精彩，精彩到超出大人的想象。我在班上也做过这样的"反安装"练习。我以沈从文先生写的《鸭窠围的夜》的片段为例，请学生研究当黑暗占领整个河面时，作者是怎么写夜景的？他写光，写声音，写人的念想。学生依照这个思路写出的夜景，水准远远高于从前没读过这个片段或者读了这个片段后没有做这样的"反安装"思考的学生。这样的例子还有很多，比如，海明威写大场景，也有"三点式"的写法：先写一个相对静态的远点儿的景，然后写一个流动中的中景，最后写一个更具体的突然运动的细微的点。就三句话，纵深和开阔都有了。学生若经常研究这样的作者的运笔方式，从作家的作品中琢磨出一些门道来，再加以运用，是很有乐趣的。这就是"眼"和"手"的一致性，我从来都相信，眼高是不会手低的。

同样，在字形、字音等方面，教师在具体的情境里培养学生对文字的感觉，也可以用"反安装"的思路。"月落乌啼霜满天"，白天可以鸟叫，夜半只宜乌啼，"乌"跟"鸟"两字，相差的就是那么一个点儿，这一个点儿恰似它的眼睛，夜是黑的，乌鸦也是黑的，怎么能看到它的黑眼珠呢？但这样会更使读者感觉到茫茫而深沉的夜。"客有吹洞箫者，倚歌而和之，其声呜呜然，如怨如慕，如泣如诉。余音袅袅，不绝如缕。"这段文字描写箫声，就尽量避免用声音响亮的字，而是用"u"韵来描写箫声的情调。如果用开口韵，那就变成喜庆的锣声了。像这样去培养孩子对文字的感觉，精到而准确。孩子对文字的感觉要趁早培养，虽然成年以后也可以学，也可以用，但是用过就忘。人在小时候学的东西会渗到血脉里，成为身体的一部分；而长大后学的东西，犹如衣服，总是隔了一层。

以游戏的方式来玩创作

教孩子学习文学创作，教师需要用"玩"的方式，有"玩"的心态。

比如，练习句子。有水准的老师让学生练习写句子，是可以做得独具匠心的——把它作为一种思考的游戏，锻炼学生联想、记忆、对照、质疑、求

解的思考习惯。比如，教师随便给学生两个词："雨伞""眼镜"，让学生写一段话，看自己是用几句话把这两个毫不相干的事物联结起来的。图画书《如果我是一本书》整本书都是以"如果我是一本书，我……"的句式写成的，更有意思的是与之相配的图画，让人回味无穷。文学的创作和一般的写话最大的不同恐怕就在于，前者能给读者提供双重满足感：读者不仅能读到文字直接表达的意思，还能想到比他看到的更多的东西。这本书中的一些画面会随着"我"的希望不断地变形，变成狮子、城墙、扫帚或者正待起航的飞机，让人不觉眼前一亮。教师可以让学生先想想，你希望用书来干什么，再继续联想，把书画成什么样子可以让人联想到这样的作用。

比如，练习给文章取题目。题目有时要直白，有时要隐晦。有人以为要覆盖全文要旨，有人以为只需透露一斑，有人以为随便从文中弄一句就足以。这些见解和习惯，并无高下之论。教师如果需要设计让学生取题目的课，可以选数十篇佳作名篇，隐去作者姓名和文章题目，让学生读过以后，代原作者重拟题目，之后再对照原题目讨论损益离合。这样的练习和讨论，对学生消化文章的思想，把握题目的用意，是很有益处的。

比如，寻找诗的最后一句。蒋军晶老师做过这样的探索。他把一首儿童诗诗文的顺序打乱，再让学生从中找出诗的最后一句，讨论为什么这是诗的最后一句。他再找四首儿童诗，抹去诗歌的最后一句，让学生创作，然后再交流、讨论、体会，最后再让学生与原诗做比较，让学生进一步体会诗歌最后一句的凝练和意蕴之美。

比如，探索写作者的角度。教师让学生实践用不同的方式讲故事，学生就可以写出很多不同版本的故事。就拿大家熟悉的《伊索寓言》中《下金蛋的鹅》为例：

一个农夫去窝边查看他的鹅下没下蛋。他惊讶地发现，鹅不仅下了蛋，而且下的还是一个金蛋。他激动万分地抓着金蛋跑回屋里，给他的妻子看。

从那以后，这只鹅每天都会下一个纯金的蛋。但是随着农夫富有起来，他变得贪婪了。他想，如果杀了鹅，他就能马上占有鹅的全部财宝。于是他把鹅的肚子剖开，结果什么也没有发现。

寓意：贪心的人想得到更多，却往往失去一切。①

上面这个故事一般是以一个没有参与到情节中的观察者的身份叙述的，这个观察者一般是站在农夫的角度叙事的，如果把鹅当主角会怎么讲述这个故事呢？

鹅坐在窝里等着农夫来取她的蛋。农夫在太阳升起时来了，就像钟表一样准时。鹅注意到农夫把她下的蛋放在手里翻来覆去地看。难道她下了个臭蛋？不可能！

上述写法用的都是第三人称。如果改用第一人称呢？就可能是这么叙述的：

一天，我去鹅窝边看我的鹅有没有下蛋。我不敢相信，那里有一个蛋——是的，大小和任何鹅蛋一样，但这个蛋与众不同——它是金的。

当然，即便用第一人称叙述，也可以采用不同的叙述方式、比如农夫给他老婆写信、农夫写日记。这样你看到的故事，绝对不是原来的那种样子，这些改变会让一个令人厌倦的故事充满生气。

比如，练习让文字更精简。依照现在的观点来看，文言文似乎并非生活之必需，亦非创作之根本。说实在的，有的孩子学小古文，然后创作小古文，给人的感觉总是画虎不成反类犬。然而，从另一个方面说，白话文追求清浅，因清浅可能单薄、松散，若是吸收了文言文的长处并灵活使用，可使语意绵密，犹如一个人忽然剪了一头清爽的短发。当然，这种练习需要学生有文言文诵读和积累做基础。

又如，练习写对话。我们在阅读时看到作者写的好的对话，往往会一下子被攫住注意力，并从中得到偷听的乐趣，因为故事中的角色并不知道我们在"偷听"。通过对话，我们感觉自己正偷偷地参与他们的圈子。如果对话处理得当，会以令读者屏息的方式推动故事的情节发展。同样，糟糕的对话写作常常会毁灭一个故事。对话关乎听觉，让学生练习写对话，教师可以这

① 保罗.如何写好一个故事：从绘本入手 [M] .李昕，译.北京：新星出版社，2016：42.

样去设计：第一步，请离开你的书桌，去听别人聊天，然后慢慢地学习把别人几分钟的谈话浓缩成几句话，注意要保持原对话的特点；第二步，把写下来的对话念出来，鉴定是否保留了当事人的语气；第三，隐去角色，让熟悉的同学通过你写的对话，辨认出说话的同学是谁。

总之，教师教学生练习创作，需要有跟学生一起兴致勃勃地玩的心态。真正的好文章是从对天、地、人、事的体会中来的，而这体会恰似一个逛街时打算买东西的人口袋里的钱。我们需要通过努力、争取、累积资本，而不是只巴望别人的口袋。

讲好一个故事的秘诀

一天，我请学生看一段视频，片长只有 1 分 58 秒。视频里，一个盲人坐在街边乞讨，身边有一块用纸板做的牌子，牌子上写着一句话："我是盲人，请帮助我。"但过往的路人大多视而不见。后来有位女士帮他把纸牌翻过来，重新写了一句话，路过的人看到后纷纷蹲下身子，给盲人钱。最后，镜头推向纸牌上的那句话："这真是美好的一天，而我却看不见。"

看过视频以后，我和学生一起讨论：为什么这两句话会带来完全不同的效果？第一句话陈述了事实，用祈使句对人们提出了要求；第二句话则用了讲故事的技巧，把人带到一种情境里，让人跟着主人公一起呼吸，一起心跳。"这真是美好的一天"，暗示故事即将发生。什么样的故事呢？这"美好"难道仅仅是天清气爽吗？不，这个故事因为有你的参与、你的投入，这个盲人的一天才会因此而更加美好——作为路人，你怎忍心拒绝加入这个故事呢？"而我却看不见"，"我看不见"交代了盲人的现实境况，一个"而"字使人的心情跟着发生转折，同情之心油然而生。

这个例子耐人琢磨。怎样才能让一个故事吸引人？

每个人都有好奇心，对未知的或者有一些蛛丝马迹但尚未全部弄清的谜一样的事物，总有进一步弄清楚的欲望。每个好故事都是一个谜，引诱读者去解谜。一个好故事要有开头、结尾、冲突和转折。我们可以试着去分析那些好故事是怎样出好谜题来"折磨"读者的。比如，童话作家汤汤创作的故事《红点点绿点点》，我们一步一步把它打开——

故事梗概：红点点和绿点点都是毛毛虫，它们是好朋友，想永远在一起。所有的毛毛虫变成蝴蝶以后都会忘记过去，为了变成蝴蝶以后还能记住对方，两条毛毛虫想了很多办法。但它们变成蝴蝶后并没有记住对方，各分东西。

一天，它们都来到了一口池塘边，一个喷嚏让它们再次相遇、相识。

我们试着把这个故事做个小结：目标或者愿望、梦想→阻碍→努力→结果（通常是不好的结果）→意外（如果努力无效，就会有努力之外的意外发生）→转弯（有了意外，故事就有了新的改变）→结局（情理之中，意料之外）。这就是"七步拆分法"。

以这样的形式我们可以试着打开很多优秀的图书，看到它的内在逻辑结构。比如，美国人埃米·扬写的《大脚丫跳芭蕾》，按这种七步拆分法分析这个故事是这样的：

目标（愿望）：贝琳达喜欢跳芭蕾舞。

阻碍：她的一双大脚。

努力：她每天都去学校认真练舞。

结果：她在一年一度的芭蕾舞选拔赛中被评审委员否定，只好放弃跳舞。

意外：她去一家餐厅打工。有一天，餐厅里来了一个乐团，在美妙的音乐声中她情不自禁地跳起了舞，餐厅的老板让她跳给客人看，受到了客人的欢迎。

转弯：大都会芭蕾舞团的指挥也来看她跳舞，邀请她去大都会剧院表演。

结局：贝琳达高兴极了，因为她又可以跳舞了。

接着，我让学生用这种拆分法去理解自己读过的精彩故事，比如儒勒·凡尔纳的《八十天环游地球》、曹文轩的《草房子》第一章《秃鹤》。再让学生试着用"目标→阻碍→努力→结果→意外→转弯→结局"这样的七步拆分法拟一个故事提纲，试着写一写这个故事。

事实上，这个七步拆分法并不是故事的制造机，而是一条串故事的线。创造故事的过程并非无中生有，而是把我们头脑中散乱的故事碎片，利用因果逻辑贯穿起来。

附：赵叶同学用七步拆分法创作的故事《换梦小人》

换梦小人

赵　叶

　　这个世界上有种叫"换梦小人"的精灵。每天晚上，他们会提着两个小布袋——一个是金色的，用来装美梦；一个是黑色的，用来装噩梦——去做噩梦的孩子家里，把孩子的噩梦用黑色布袋装走，然后轻轻柔柔地将金色布袋里的美梦放入孩子的脑海中。当然，换梦小人是不会轻易让孩子们看到他的，除了在梦里。

　　这天晚上，换梦小人迪克来到了小女孩儿莉娅家。他发现莉娅的房间满是忧郁虫。于是，迪克唤来超级啄木鸟，把这些忧郁虫吃掉。啄木鸟吃光了忧郁虫后，对迪克说："小女孩儿的心里还有许多忧郁虫，只能靠你了，迪克。"说完它拍拍翅膀消失了。

　　迪克皱起眉头，心里嘀咕着："怎么会这样，我从来没有碰到过这么令人懊恼的情况。"他轻轻地走向小女孩儿的床，小女孩儿当然看不见他，因为他有隐身术。迪克发现，那一条条忧郁虫已布满了莉娅的心房。原来她的爸爸妈妈离婚了，现在莉娅和妈妈一起住。莉娅的枕头已被泪水打湿一片。这场景任谁看到都会觉得心疼。

　　迪克坐在床边现了身。莉娅翻了个身醒来，惊愕地看着他。

　　"你是谁?"莉娅有些害怕。

　　"我是换梦小人，我叫迪克。你别怕，我是来帮助你的。"

　　"真的?"莉娅半信半疑。

　　"是的，莉娅，我是来帮助你治好心病的。"迪克说道。

　　"你会魔法?"莉娅问。

　　"嗯——算是吧。"迪克说，"用你白天的微笑换晚上的一个金色好梦，你愿意吗?"

　　"我愿意。"

　　"你每天对镜子里的自己微笑，每天对与你相遇的人微笑。莉娅，你能做到吗?"迪克仰起头看着她。

　　莉娅还没回过神来，呆呆地看着只有20厘米高的迪克，考虑着他开出的特殊"药方"，然后点点头，又摇摇头。

"试试看，莉娅。"迪克满怀期待地说。

迪克的特殊药方果然有效。每天，迪克都来莉娅的房间跟她聊一会儿天。莉娅逐渐变得开朗了。可是，离迪克离开的日子也越来越近了。

要离开的那天晚上，迪克坐在莉娅的肩膀上，轻声地说："莉娅，你的病已接近痊愈了，我不能再陪你了。我们换梦小人的寿命都不长，今天是我最后一天陪你了。"

"什么？不可能！"莉娅吃惊地说。

"我没有开玩笑。你别怕，我会化作一颗流星来帮助孩子们实现愿望。其实，你们看到的流星雨，就是我们。"迪克不知为什么变得格外镇定。

"那我要怎样才能认出哪颗星星是你呢？"此时，莉娅已泪流满面。

"最蓝的那颗流星就是我，当你看到那颗最蓝的流星时，记得许个愿哦！"迪克抬起头，仰望着星空，笑了笑，"哦，还有5分钟。"

迪克和莉娅，谁都不说话了，静静地望着夜空。

忽然，迪克的身子变轻了，快速地化为一颗蓝色的流星，深情地划过黑曜石般的夜空。

莉娅呆呆地看着这如梦境般的情景，喃喃自语："再见，换梦小人。愿每个孩子都有这样一个天使守护。"

描写性格比描写长相更重要

　　学生从三年级开始就练习写人物。在写人物貌相时，我们往往注意的是人物的外貌，比如头发、衣着、身材、五官等。古往今来有不少行家高手不惜笔墨地对人物的貌相做细腻的刻画。如罗贯中在《三国演义》中对关羽貌相的描写，曹雪芹在《红楼梦》中对黛玉出场的描写，都可谓经典。但即便像罗贯中和曹雪芹这样的高手，在描写人物貌相时，有时也难免写了一堆词语，都没有让读者对人物留下深刻的印象。

　　在刻画人物时，刻画人物的内心面貌（性格）其实比外貌更重要。在《三国演义》中作者对曹操性格的刻画，绝对让人过目不忘。曹操刺杀董卓失败后，与谋士逃到吕伯奢家。吕伯奢为了款待他们，外出买酒。天性多疑的曹操听到后院有磨刀声，冲出去见人就杀，后来才知道磨刀是为了杀猪。曹操连忙逃走，半路遇上吕伯奢，吕伯奢热情挽留，曹操极力拒绝。两人分手后不久，曹操又追上吕伯奢，一刀把吕伯奢杀了，最后补了一句——"宁教我负天下人，不教天下人负我。"这句话把曹操的性格（内心面貌）刻画得入木三分。这样的曹操，不仅多疑、自私、奸诈，更让人恐惧——还会有什么事情他干不出来？！

　　所谓"言为心声"，作者通过人物的语言来刻画人物的性格，是一条可以抵达人物内心世界的便捷之路。张爱玲就利用这一点做足了文章，她写的《姑姑语录》通篇都是用姑姑的话串起来的。

　　"冬之夜，视睡如归。""又是这样的恻恻的天气，又这样的虚弱，一个人整个地像一首词了！"……

　　我让学生自由阅读《姑姑语录》，结合语境让他们从姑姑的话中体会姑姑的个性：这个很独立的甚少粉饰生活的女子，有一种清平的机智见识。

　　我为学生安排这堂课，就是让学生了解如何用人物的语言来刻画人物的内心貌相。若是一个人说过的话多得实在记不清，那就从口头禅开始吧。口头禅是指一个人经常挂在嘴边的词句。锣鼓听声，说话听音。口头禅往往可以帮助我们了解一个人，认识一个人。于是我建议学生"在你交往的人中，你对谁的口头禅印象最深？请把他讲口头禅的细节写下来吧"。

十分钟后，学生交流，效果很理想。学生写得很有劲道。

"你好啊，小笨蛋。"说话的人是我们班的"开心果"陈逸可。她每次都用这样的方式和我们打招呼。听到这句话的那个人若是女生，多半会无奈地白她一眼；若是男生，就会追上陈逸可问："你说什么？！"所以，每到下课时，我们经常可以看到陈逸可后面跟着一群愤怒的男生。如果她运气好，便可以躲到叶品卉和我的身后，逃过一劫；如果运气不好，她就会用可怜兮兮的又有点儿哀怨的眼神向男生求饶。

——黄芷墨

"你好啊，小笨蛋"这句话把"开心果"陈逸可的淘气、调皮、机灵又可爱的性格特点表现得活灵活现。

和我的表姐一起玩是最麻烦的事。问她想吃什么，她总回一句"随便"。可是到头来还是不随便："吃这个？看着就不好吃。走走走，换一家。"我又追问去哪一家，得到的回答还是"随便"。

——刘易

在刘易同学的笔下，嘴上说"随便"的表姐，内心其实是很讲究的。读到这样的细节，你是不是也会忍不住发笑？

"我不吃冷饭！"数学蔡老师对迟交作业的同学吼道。他有一套规矩：要求我们在第二天的早读课时就必须交齐回家作业，过期不候；在中午吃饭之前必须交齐课堂作业，过期不候。如果谁没有准点儿交，就算他捧着本子颤颤巍巍地来到蔡老师的办公桌前，也只会听到一句话："我不吃冷饭！"那位同学只能对着别人的本子自批了。当然，这种人目前在班级里已经"灭绝"了。

——陆瑶

好的语言就是这样的，表面有一层意思，细细体会背后还有一层意思。

"我不吃冷饭"，这句话把数学蔡老师严格中有幽默、幽默中有严格的性格特征表现得很充分。

　　这些例段虽然对人物着墨不多，却胜过那些"水汪汪的眼睛""弯弯的眉毛"。例段中的人物，我们虽然从未谋面，却像老朋友一样心领神会。其实，用人物的语言刻画人物的性格，并不需要像水龙头一样一开就流满满一地——生活中人们说的话并不是影视剧的台词，应试着用最少的字数描写好一座有一部分藏在水下的冰山。

这样的夜啊，有文学的光

若是要学生评选语文教材中最不喜欢的文章，写景类的文章常常高居榜首。问他们原因，大多数人回答"不好看""不好玩"。故事可以用跌宕起伏的情节抓住读者，而写景的文章呢？教材中常见的写景文章，往往是一堆四字词语堆砌而成的"景"，这样的景要让读者读起来有感觉，着实太难了。

然而有人写景，却可以写到把人带到那个场景中，让人经久难忘，比如沈从文的《鸭窠围的夜》。

当我把这篇文章中描写夜景的一段文字朗读给学生听的时候，我感到教室里出现了一种少有的安静。然而，仅仅打动人心是不够的，我还想要更多。借助沈从文先生写的这个段落，我和学生一起研究怎样写景能让读者的心一起走进去。

我设计了一份阅读学习单，让学生对文章中的内容做梳理：鸭窠围的夜里有光也有声音，作者写到了哪些光、哪些声音？远处的山，近处的水，身边的船，沿岸的一排排吊脚楼都深埋在黑暗里，作者还写了什么？这样的夜带给你怎样的感觉？请用思维导图整理这一段文字中作者的思路。

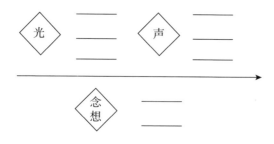

安静的夜里，人是最容易浮想联翩的。在沈先生的这段文字里，"另

外一个地方，那小畜生的母亲，一定也那么固执地鸣着吧"，这是作者关于"爱"的联想。又想到小羊一到过年就要被宰杀，它"明不明白只能在这个世界上活过十天八天"，这又是关于"死"的联想。这一"爱（生）"—"死"的想象与感受，让"我"心里既忧郁又软和。

按这样的思路，我们来试着回忆某地或某时的夜（最好没有旁人和你聊天、谈话），你让自己全部的感官都沉浸在那样的夜里，会有怎样的感受呢？我在屏幕上打出一组词，"季节——春夜、夏夜、秋夜、冬夜"，"地点——住宅小区、老家、他乡……""特殊的时刻——元旦、中秋、生日、过年……"看到这些词，你想起了一个怎样的夜？请用思维导图记录并整理自己的零星感受。

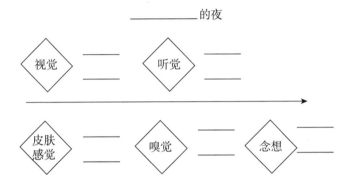

_____的夜

有了思维导图的指引，学生交上来的作业让我忍不住感叹：前人赤着脚走路找到的甘泉，我们要努力让学生喝到。他们只有品尝到了甘甜的水，才会有兴趣挖出新的泉眼。

附：学生优秀文章

黑夜温柔地包裹了世界。我睁着眼躺在床上，屋里并不是整片的黑。窗外微微透着光，若有若无，时隐时现，衬得夜更为神秘。"光真像一层纱。"我想。远处高楼上传来渺茫的歌声，美妙却朦胧。这是哪个女子在唱歌呢？是否同我一样是个失眠者？真好，今夜，还有人同我一样无眠。歌声止了，光灭了，夜重新寂静了。我安然地合上眼，睡了。

——杨遇陈

没有星星，没有月亮，然而黑夜已经很难占领城市了。马路上还是亮白如昼。远处有猫叫声，一声又一声，一会儿近了，一会儿又远了。那固执的叫声，像婴儿的啼哭。或许，在那更远处，也有一只猫在和它一样地叫？

——祭嘉骊

黑暗推搡着我和最后一缕夕阳说了"再见"，就急急地爬上屋檐，占领了我的房间和园子。夜，一天比一天长，一日比一日静。马路边，人不多，偶尔有几辆车过去，来得急，去得也急，像是在马路上划火柴。一个醉酒的男人，被一个妇人扶着，嘟嘟囔囔地不知道在跟谁说话，妇人什么话也不说，只是一路跟着，踢踢踏踏的脚步声显得凌乱。我不禁打了个寒战，这冬至的夜呵！

——方　言

天渐渐黑了下来，月儿是半圆形的，高高地挂着。对面有几户人家点着灯，隐隐约约可以看到人影晃动。我泡了杯玫瑰花茶，淡淡的清香在房间里弥散开来。

忽然，远处响起了鞭炮声，不是特别响亮，却足以在寂静的夜晚回荡了。鞭炮声不久便消停了，夜似乎比先前更加静了。隔壁人家的婴儿哭了起来，年轻的母亲连忙哄他。我似乎能闻到那种婴儿特有的奶香味，想起了无数个夜里，母亲也曾这样哄着我，心里不由得软和起来。

——黄　未

黑夜笼罩着房间，耳边只剩下自己的呼吸声。被子轻软而蓬松，那种只有晒过太阳才有的香味，直钻到鼻子里。窗外是一阵虫鸣声，哦，那是秋虫叫出的秋天的味道。在这样的夜里，我才真正听到了季节的心情。

——林逸宸

暮春时节的大街，凉风徐来，我忍不住打了个激灵，身上忽然起了层鸡皮疙瘩，但又很快缩了回去。十字路口，书法社内，飘出的墨香，纯净、疏淡。我深深地吸了吸，这样的香气总是让人安静的。

一转弯，眼前豁然一亮，灿烂的灯光，拥挤的人流，无一不在提醒我，这里是市中心了。各色的小摊前飘出了各种气味：羊肉串的孜然味、棉花糖的香甜味，还有各种说不清道不明的味道……

——屈云帆

虎斑猫的一种活法

"假如有一种魔法，可以让你活 100 万次乃至于长生不老，你愿意吗?"
当我和学生聊这个话题的时候，他们的话匣子马上打开了——

"不愿意。因为身边的亲人和朋友都不在了，一个人活着会觉得没有意思。"的确，人是社会性的动物，每个人都活在社会关系中。

"我也不愿意。因为生命只有一次。"有学生补充。

"我不愿意是因为老的时候样子很难看，嘴里没有一颗牙，像个妖怪。"的确，要让学生理解并欣赏老年时满脸皱纹如同沟壑的那种美，很不容易。

有学生说愿意活 100 万次，理由是可以把自己活成一部历史书，跟着这个社会一起进步，现在的困惑到那时都可以解决。这倒是十分美妙的事。还有学生认为每活一辈子可以选择一种新的工作，人生体验就非常丰富了。

话题就此打住。其实，我带他们聊这个话题，是为了引出一本书——佐野洋子的《活了 100 万次的猫》。

故事的主人公是一只虎斑猫，一只死了 100 万次又活了 100 万次的猫。它先后成为国王的猫、水手的猫、魔术师的猫、小偷的猫、老婆婆的猫、小女孩儿的猫……作者用相似的结构、反复的方式来表现猫在这些主人身边生活的单调与无趣:

有一回，猫是国王的猫。

猫讨厌什么国王。

国王爱打仗，总是发动战争。打仗时，国王把猫装在漂亮的篮子里，带到身边。

有一天，猫被一支飞来的箭射死了。

正打着仗，国王却抱着猫哭了起来。

国王仗也不打了，回到了王宫，然后，把猫埋到了王宫的院子里。

按照故事中的顺序，我依次讲述了虎斑猫死了 6 次又活了 6 次的生活经历，再抛出话题："故事中的这只猫死了 100 万次，又活了 100 万次，在这 100 万次中，它可能还会成为谁的猫？"

"理发师的猫。""厨师的猫。""杂货店主的猫。""警察的猫。""农民的猫。""老师的猫。""医生的猫。"……学生七嘴八舌，想到的主人各种各样。

"你能不能编织一段它和主人在一起的故事呢？我们先来看看故事的作者是怎么编织的。"我用 PPT 展示书中的一段故事，引导学生体会故事结构。

有一回,猫是（　　　）的猫。	——谁的猫
猫讨厌什么（　　　）。	
（　　　　　　　　）	——为什么讨厌
有一天，（　　　　　　）。	——猫是怎么死的
（　　　　　　　　）。	——主人怎么哭
然后，他把猫（　　　　　）。	——主人怎么埋猫

在写"谁的猫"的时候，作者特意在前面加了一个"什么"。学生在朗读中需要体会这个"什么"表达了猫对主人的讨厌和不屑一顾。"所以，我们在编织这段故事的时候，也不要漏掉这个重要的词。"我提醒他们。

五分钟的练写结束后，学生开始交流，最先发言的是李露彬同学。

有一回，猫是画家的猫。

猫讨厌什么画家。每天它都要像雕像一样摆各种各样的姿势，一动都不能动，画家给它画了一张张肖像画。

有一天，猫因为体力不支，摇晃几下就倒在了小桌上。

画家一把抱起猫，一把鼻涕一把眼泪地哭了一天。

画家把猫埋在开满野花的山冈上。

姚伊纯同学写得也不赖：

有一回，猫是理发师的猫。

猫讨厌什么理发师。每次理发师创造新发型时，总是把猫当作实验品，把猫的毛拉直、烫卷、染红、弄绿。

有一天，理发师又有了灵感，正在为猫烫发时，来了个客人。理发师抛下工具去招呼客人，当他回来的时候，发现猫已经被烫发的机器烫死了。

理发师一把抱起猫哭了起来，哭了一天一夜，然后把猫埋在了理发店的后院，并把理发店改名为"虎斑猫理发店"。

胡钰熙同学写的是科学家的猫，科学家也把猫折磨得够呛：

有一回，猫是科学家的猫。

猫讨厌什么科学家。科学家一天到晚满脑子想的全是发明、研究，猫只能傻呆呆地趴在他身边。

有一天，科学家在做实验时，突然酒精灯爆炸，他急忙捂住口鼻往外冲，结果落下了猫。当科学家再次返回实验室时，猫已在实验室里倒下了。

科学家大声痛哭，连做实验的心思也没有了。他把猫埋在了实验室外的一棵树下。

每个孩子都写下了虎斑猫的一次新生活，即便写作能力很弱的孩子写得也基本没有问题。更重要的是，通过这样的练习，学生更好地把握了虎斑猫在一次又一次轮回里与主人的关系——它只不过是一个道具、一个工具，或者一个玩偶、一个花瓶而已。它和主人之间，既没有真正的爱，也没有真正的被爱，是一场痛苦的煎熬。然而，我们还得再往前走一步，想一想：作者为什么只选了6个主人写呢？有学生说，作者没有那么多时间写100万个主人；有学生说如果要写100万个主人，那么这本书会厚得抬不动了；另一个学生补充说，那么厚的书也没有人看，一次一次地重复，读者会感觉乏味。这样的讨论很重要。小学老师往往善于利用文本的空白点让学生做补白的练习，然而学生必须弄明白为什么这些补白作者不写。如果缺乏了这样的讨论，学生写作时就不知道留白。

学生创作过后，我们一起再来看作者设计的虎斑猫的新活法——自由自在地生活，不做任何人的宠物。它爱上了一只美丽而矜持的白猫，它们生了一群小猫。白猫死时，虎斑猫哭了100万次，最后静静地躺在白猫的身边，再也没有起死回生过。

虎斑猫因为动了真心和凡念，失去了起死回生的魔力。然而真正地爱过，真正地活过，这样的生命只要一次就够了。有爱的日子，一日长于百年，仅仅拥有长度而没有意义的生活，是不值得过的。

这个虎斑猫的故事，在我们的讲述与创作中得到了永生。

一支铅笔引发的故事

2013 年 4 月中旬，我在南京听美国的史沃普先生讲他的写作课程。

史沃普先生是美国的童书作家。一个偶然的机会，他在美国纽约皇后区的一所小学开办了写作工作坊。他的班级有点儿特殊，班里的 28 位小朋友来自 21 个不同的国家。他把带孩子们写作成长的故事记录下来，写成了一本书《我是一支爱写作的铅笔》。

如果你是完美的技术主义者，翻读他的书也许会失望——书里并没有什么关于写作的灵丹妙药，只有和孩子一起写作的故事。

"你正和你的父母走在拥挤的街道上，然后，你的父母开始慢慢地改变形状。你既惊讶又害怕地看着他们。请描述一下，你的父母变成了什么，接下来又发生了什么事。"①

这样的话题我们往往想不到。我们的孩子也写父母，我们的父亲辛苦工作，我们的母亲慈爱守家，我们的父母会这样也会那样，就是不会"变形"。

凭我的直觉，史沃普先生设计的这个话题，我教的那些五年级孩子会喜欢讨论。

见好就拿。我在黑板上写下了"头脑风暴"四个字，告诉孩子们这节课要玩的是"批量生产灵感"。

我刚说出史沃普先生的命题，教室里就炸开了，甚至有孩子开始哇哇叫，仿佛变形的父母就在他们身边。和平时的课堂情况相比，他们显得兴奋异常。头脑风暴，相互启发，孩子们在说说笑笑中，一节课结束了，然后各自下笔成文。

阅读学生的作文，我惊喜连连。全班 40 人，写作字数达到 1200 字以上

---

① 史沃普.我是一支爱写作的铅笔 [M] .廖建容，译.北京：五洲传播出版社.2012：147.

的有 13 人，一个男孩儿竟然写到了 2929 字！这是我教他们的一年多时间里，作文人均字数最多的一次。

我忽然萌生了一个问题：写这么多字他们累不累？于是，我在班级做了一个小调查：完成这篇作文的初稿，你大概花了多长时间？有什么写作体验？写得累吗？

有 27 名学生参与了这个调查。其中 3 人觉得累，昶同学回复累的原因是"第一次写那么多，5 页纸"；20 人觉得不累，不累的原因大抵是"很好玩""很有意思"；4 人觉得有点儿累，"稍稍有点儿累，但是感觉不错！让想象力飞翔的感觉很好"。写了 2900 多字的褚同学回复："大约用了三四个小时才完成作文。写完很有成就感、幸福感，就是背有点儿酸。"

这个调查大概可以让我对儿童的课业负担有更好的理解：教师如果从儿童的心理出发设计作业，他们即便"奋斗"几个小时，也不觉得"负担重"，即所谓的"乐此不疲"。倘若作业对孩子来说是毫无乐趣的，那么即使只做 10 分钟的作业也会变成不堪忍受的负担。

阅读他们写的故事，也是一场精神的探险。一个个鲜活的故事背后是一个个鲜活的儿童。故事让想象力飞翔，但每个故事都有它的"着陆区"。嘉同学的爸爸妈妈变成了她的鞋子，一个被穿在左脚，一个被穿在右脚，故事写得温馨而幽默，她的家庭氛围大概是十分和谐。熙同学充满幻想，做事追求完美，所以她在故事中通过一道通往"爱心云"的彩虹去解除爸爸妈妈或变大或变小的困境。颖同学的《猫妈鼠爸》则把家庭"斗争"的一面展示出来了。男孩儿的想象与女孩儿截然不同，男孩儿的故事里屡屡出现"战争""历险""拯救""英雄""超能量"等元素。还有学生写到了家长和自己的身份颠倒了——家长成了小孩儿，"我"可以冲他们撒气，甚至发飙……

如果我有足够的心理学知识储备，一定能从这些故事中找出更多角度来理解儿童。我判断这次作文学生写得成功的重要依据是，我从故事里读到了鲜活的"人"。

孩子们把作文发上论坛前，我晒出了参加南京活动时得到的一支铅笔，并以"谁将是这支铅笔的主人，让我们拭目以待"作为鼓励学生修改的彩头。

孩子们的文章写得都这么优秀，这支铅笔该发给谁？

我通过新浪微博联系到了季晟康（《我是一支爱写作的铅笔》特约编辑），给他看孩子们写的作文，问他哪里可以买到这种铅笔。

他回复："每篇文章都很好！每个孩子都应该有一支爱写作的铅笔啊！这铅笔我出啦！"

附：陈懿嘉同学的作文《变形记》

变形记
陈懿嘉

一天，我和爸爸妈妈走在拥挤的大街上。

"妈妈，我想吃糖葫芦！"我用手指着那个卖糖葫芦的小贩说，没人回应。我往四周一瞧：咦，爸爸妈妈呢？"爸爸，妈妈！"我大声地叫着。这一叫，立马引来了一群人异样的目光，仿佛我是个珍稀动物。我赶紧闭嘴。

"他们不会回家了吧？"我边走边四处张望，一直走完了整条街，穿着红衣服的妈妈和穿着黑衣服的爸爸一直没有进入我的视线。"可恶，你们居然丢下我一个人。哼，别以为这样我就回不了家了！"我从我的钱包里掏出一张蓝票票，拦了一辆三轮车回家。

到了家门口，"咦，门怎么开着？"我满脸疑惑，轻轻伸进头，感觉家里有点儿异样。

"嘿，我看到你们了，出来吧！"我喊道，可一直没有人说话。他们……到哪儿去了啊？我觉得背后有一股凉气，可转回身看却空空如也，安静得令我毛骨悚然。踟蹰了半晌我才踏进家门，"嘭——"的一声，风把门给带上了。

当我想换拖鞋时，怪事发生了：我使劲掰鞋跟，鞋子却硬是脱不下来。

"别扭我啊！很疼的！"我的耳边突然传来了爸爸的抱怨声。

"爸爸，你在哪儿啊？"我立马站起来，把整个家都找了个遍。那声音一直在跟着我，可就是看不见人，连个影子也没有……这时，我猛然注意到了脚上那两只"脱不掉的鞋"。

"怎么回事？"我一屁股瘫坐在沙发上。

"我们怎么知道!"听起来,那声音还是懒洋洋的,就像爸爸平常的声音。

"你……们,难道,妈妈……"

"对啊,我是你左脚的鞋子,你妈是你右脚的鞋子。"瞧,我爸爸还是改不了调侃的习惯。

"唉唉唉,说谁呢!"老妈终于发话了,要在平常,她一定会踢老爸一脚,不过现在是特殊情况。

"你们究竟要到什么时候才能变回来呢?"我插上了一句话。

"只要你连续穿着我们24小时就可以啦,只不过在我们变回来之前,你还不能把我们脱下来,不然,我们可就真的变成普普通通的鞋子了!"我的耳边传来了妈妈的声音。

吃了一顿干巴巴的饼干晚餐,还真有些怀念妈妈烧的热米饭了。好不容易熬过了无聊的傍晚,才7点多我便上床睡觉了。不一会儿,一阵呼噜声如雷贯耳:"爸爸!别打呼噜!"我用力跺跺左腿,那呼噜声才停了一会儿就又继续响了起来,我又跺跺左脚……如此往返,第二天,我的眼睛周围就多了层黑圈,变成国家一级保护动物——熊猫了!"恬不知耻"的爸爸竟然还问我昨晚睡得好吗?!(当然,妈妈睡得也不好。)

我睡眼惺忪地来到学校,大家都还是老样子。我半眯着眼睛向四周瞧了瞧,确定没人注意到我的怪状后,才俯下身子,悄悄地对爸爸说:"过会儿上课千万别打鼾了!""哦,你应该提醒你妈,她告诉我昨晚没睡好。"我斜了一眼爸爸:"还不都是因为你!"

"因为时间关系,我们提前进行语文测验!"我周末玩疯了,忘记复习了。怎么办?怎么办?正当我面对"天书"般的试卷急得焦头烂额时,突然灵光一闪:"爸爸,帮我小声地说一下答案吧!""不行!"他斩钉截铁地说。"那我可就把你给脱了!""脱吧!"谁知他毫不畏惧,连我自己也感觉左脚的鞋子变得松了些。"那我可就真脱了!"说实话,我当然不会脱,但为了恐吓爸爸,我把手放到鞋跟上,做出想脱的样子。"说说说!"鞋子一下子就勒得紧紧的,而后传来了一阵细小的声音,爸爸在说答案!惊喜!

放学的铃声一响,我便快速地跑出校门,因为,爸爸妈妈就要变回来啦!

后 记

　　我大概受散文作家苇岸的影响，对文字、出版始终抱有一种敬畏之情。苇岸对文字有一种近乎苛刻的挑剔，他曾说如果一生最终能够辑成一本 20 万字的自己还算满意的小书，他就感到非常欣慰了。作家尚且如此自谦，我这样一个站在门外的文学爱好者更要警惕。

　　自 2009 年 7 月语文出版社出版了《张学青讲语文》一书后，我几乎没有再出版专著的念头。承蒙源创图书李玲女士的厚爱，从 2016 年 1 月开始，几次跟我讨论书稿的事宜，甚至不辞辛劳地搜集了一些我的文章，帮我整理、归纳。真的非常感谢她，没有她就不会有眼前的这本小书。2016 年 8 月，我得空把近年来的关于教学实践的文章做了梳理，以"给孩子上文学课"为主题，呈现我的一些思考。

　　在我看来，小学的文学教育不可或缺。文学即人学，这已经是世界性的共识。我们的教学对象是"人"，当然离不开"人学"。然而，有的同行存在这样一些想法：或者以为文学对小学生而言，是种高不可攀的东西，只有中学生、大学生才有资格、有能力去接触它，研究它；或者认为文学只是一种类似于香菜一样的调味品，做鱼、做汤时辅以点缀，调调色与香就够了，本身并不能成为一道菜；更有一种观点，以为文学就是让学生见花落泪，弄得像林黛玉一样病歪歪的。

　　王阳明说"未有知而不行者，知而不行，只是未知"。在小学的语文课堂上，文学课不能像模像样地登堂入室，和以上种种认识上的误区是有关系的。

　　我一直以为，人在童年时接触的东西，会像血液、骨骼一样，成为身体的一部分，长大以后再学的东西，再怎么用力也终是隔了一层的。

　　王尚文先生说过，走进语文教学之门，应该可以看到一边是田园（汉语教学），一边是花园（文学教学）。对此我深为认同。学习汉语重要的路径是通过对优秀汉语作品的学习，培养良好的语感；而优秀的汉语作品，又以文学作品居多，因为文学是语言的艺术。培养学生的文学情趣和文学感觉，应该是文学教育最主要的目的。文学对人的情感的熏陶，并不是徒长一点儿伤春悲秋的情绪，而是借助作品唤醒和点燃人的恻隐之心、辞让之心、是非之心以及澡雪精神，从而唤起人对这个世界最深切的理解和同情，以及向着美好生长的力量。

基于这样的认识，我非常愿意在我的班级里开设文学课。这本小书从散文、童话、小说、图画书、诗歌以及文学微创作等六个层面，对儿童的文学教育这个话题展开一点儿阐释和回应。文中的案例都来自我的一线实践，受字数限制，我不能呈现得更多。我试图通过这些思考和案例，为一线教师开设儿童文学课勾画一幅行走地图。然而，这个想法可能是妄念，我的力量何其有限，我能抵达的地方又何其有限！

从拟写提纲到整理与写作这本书，前后延续了半年多。在此期间，我来到了苏州大学实验学校，在高铁新城的大湾桥下开始了新的教育生活。大湾的过渡校区是个极其简陋的村小，然而大湾里的春天格外美好。

要感谢的人很多，我要感谢我的先生，他替我承担了大量的家庭内外的事务，我才得以安心地写作；要感谢我的朋友们，他们给我安慰和鼓励，让我有信心继续这个工作；要感谢我的学生们，他们带给我灵感，让我感受到了文学的美好、教育的美好。

我想将这本书献给一直关心我的父母，还有引领我成长的前辈。那些在我心里发亮的名字，我默默地念起，常常觉得温暖。我记得他们的目光，正是他们目光中的热力，让我没有止步于眼前的苟且，还要去追求诗意和远方。

也献给不可辜负的岁月。八年成一书，我走得很慢，也因此看了一路风景。

张学青

2017 年 6 月于富元家园租居地